POLYGLOTT on tour

Nordseeküste und Inseln

Die Autorin

Elke Frey

lebt als freie Autorin im Hamburg. Schon während ihres Geografiestudiums konnte sie als Stadtführerin viele Besucher für die Nordseeküste begeistern. Später zog es sie als Studienreiseleiterin in die weite Welt. Sie schrieb zahlreiche Reiseführer über ihre nahen und fernen Lieblingsziele.

Besonders fasziniert ist sie aber nach wie vor vom schier unerschöpflichen Facettenreichtum der Nordseeküste und ihren Inseln und ihrer norddeutschen Heimat.

Das System der POLYGLOTT Sterne

Auf Ihrer Reise weisen Ihnen die Polyglott-Sterne den Weg zu den bedeutendsten Sehenswürdigkeiten aus Natur und Kultur. Für die Vergabe orientieren sich Autoren und Redaktion am UNESCO-Welterbe.

*** eine Reise wert   ** einen Umweg wert   * sehr sehenswert

Unsere Preissymbole bedeuten:

Hotel (DZ)		Restaurant (Menü)	
●●●	über 70 €	●●●	über 20 €
●●	40 bis 70 €	●●	10 bis 20 €
●	unter 40 €	●	unter 10 €

Reiseplanung

Land & Leute

Unterwegs an der Nordseeküste und auf den Inseln

Echt gut!

Karten

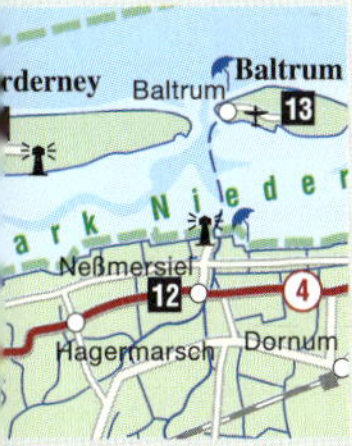

Reiseplanung

Die Reiseregion im Überblick][Die schönsten Touren][Klima und Reisezeit][Anreise][Reisen in der Region][Sport und Aktivitäten][Unterkunft

Die Reiseregion im Überblick

Deiche, Wind und Meer – über eine Gesamtlänge von rund 450 km erstreckt sich Deutschlands Nordseeküste von der niederländischen Grenze im Westen bis zur dänischen Grenze im Norden. Vor der Küste reihen sich die beliebten Ferieninseln Ost- und Nordfrieslands wie Perlen an einer Schnur. Einzigartig an der Nordsee ist das Wattenmeer. Seit 2009 ist die Meeresregion entlang der Nordseeküste UNESCO-Weltnaturerbe. Weite Bereiche der Nordseeküste genießen als Nationalpark Wattenmeer der Bundesländer Niedersachsen, Hamburg und Schleswig-Holstein besonderen Schutz. Wattwanderungen sind eine außergewöhnliche Erfahrung, die man nur an der Nordsee erleben kann.

Rund um die Emsmündung im Westen Niedersachsens ist man noch halb im Binnenland, und doch spürt man das Meer und schmeckt das Salz auf den Lippen; Ebbe und Flut reichen bis Papenburg im Landesinneren. In dem malerischen Städtchen baut die Meyer Werft riesige Luxuskreuzfahrtschiffe, die über die Ems die offene See erreichen. Stromabwärts liegt im flachen Land die traditionelle Hafenstadt Leer, Hochburg ostfriesischer Teeproduktion. Vom Seehafen und der Kunststadt Emden gehen die Fähren nach Borkum ab, zur größten und vielseitigsten der ostfriesischen Inseln. Südlich und nördlich des Dollarts, im Rheiderland und auf der Krummhörn, besitzen viele Dörfer kostbare alte Orgeln oder haben sich herausgeputzt wie das malerische Hafenstädtchen Greetsiel.

Vom **ostfriesischen Festland** ist es nur eine kurze Fährfahrt zu den **ostfriesischen Inseln**. Aber nur vom Hafen Norden-Norddeich erreicht man zwei Inseln, nämlich das beschauliche Juist und das angesehene Nordseebad Norderney. Zur kleinen autofreien Insel Baltrum gelangt man mit der Fähre von Neßmersiel und bei Ebbe sogar zu Fuß (mit Wattführer!). Nur 35 Fährminuten ist Langeoog vom Hafen Bensersiel entfernt, Autofreiheit und kurze Wege zum Strand machen die Insel zum bevorzugten Familienziel. Auf Spiekeroog geht es ohne Autos gemütlich und geruhsam wie anno dazumal zu, eine Pferdebahn bringt die Besucher in den Inselwesten. Auch an der ostfriesischen Küste gibt es immer etwas zu sehen, so das interessante Sielhafenmuseum in Carolinensiel. Im Ortsteil Harlesiel starten die Fähren zur ebenfalls autofreien Insel Wangerooge, wo sich Sportfans nach Herzenslust austoben können. Im Binnenland reizt Jever mit Schloss und seiner berühmten Brauerei zu einem Rundgang.

Die Nordseeküste **zwischen Wilhelmshaven und Cuxhaven** besitzt drei grundverschiedene Hafenstädte: Der Marinestandort Wilhelmshaven ist Deutschlands einziger Hafen für die größten Ozeanriesen der

Welt. Bremerhaven bietet eine facettenreiche maritime Museums- und Erlebnislandschaft direkt neben dem geschäftigen Überseehafen. Cuxhaven schließlich punktet mit seinem kilometerlangen Badestrand, zahllosen auf der Elbe vorbeiziehenden Seeschiffen aus aller Welt und ist Startpunkt für Ausflüge nach Helgoland und Neuwerk.

Der Leuchtturm von Westerhever

Grüne Deiche, Windräder und Kohlköpfe prägen das alte Bauernland **Dithmarschen**. Friedrichskoog und Büsum sind dort beliebte Nordseebäder mit grünem Strand am Deich. Im Hinterland zeugen das mittelalterliche Städtchen Meldorf mit dem Dom, Heide mit Deutschlands größtem Marktplatz und Wesselburen auf einer alten Wurt vom Wohlstand der einstigen Bauernrepublik. Auf der nordfriesischen Halbinsel **Eiderstedt** kann man noch über die Haubarge, riesige Einzelhöfe, staunen. Einen unvergleichlich langen und breiten Sandstrand besitzt das Seebad St. Peter-Ording. Die alte Hafenstadt Tönning hat im lehrreichen Multimar Wattforum einen Publikumsmagneten, während das nahe Friedrichstadt mit seinen Grachten und holländischem Stadtbild ebenfalls viele Besucher anzieht.

Nordfriesland und seine Inselwelt – hier erfährt man die abenteuerliche Geschichte vom jahrhundertelangen Überlebenskampf an der Küste besonders intensiv. Husum mit dem malerischen Hafen, dem Schloss und vielen Museen ist längst nicht so grau, wie Theodor Storm die Stadt am Meer nannte. Spannend ist der Werdegang der Inseln Nordstrand und Pellworm, die mittelalterliche Fluten aus dem Festland rissen. Geheimnisvoll breitet sich hier die Welt der Halligen aus, der winzigen uneingedeichten Eilande im Schatten der drei großen Geestinseln Amrum, Föhr und Sylt. Der kilometerbreite Strand Kniepsand schützt Amrums Dünen, Wäldchen, Äcker und die drei reizenden Inseldörfer. Das städtische Wyk auf Föhr kontrastiert mit uralten, bildschönen Friesendörfern auf der sonst ländlich grünen Insel. Ganz oben im Norden liegt Sylt, die vielseitigste und größte Nordsee-Insel. Mit über 40 km Strand, kulturellem Reichtum, geschützter Natur und Feriendomizilen vom Zeltplatz bis zum Luxushotel lässt sie kaum einen Urlaubstraum unerfüllt.

Die schönsten Touren

Schnupperwoche Ostfriesland mit dem Fahrrad

① Emden › Insel Borkum › Emden › Krummhörn › Greetsiel › Norden-Norddeich › Insel Juist › Insel Norderney › Norddeich › Neßmersiel › Insel Baltrum › Neßmersiel › Norden

Distanzen:

Radstrecke gesamt 124 km: **Emden** (Fähre) › **Insel Borkum** (Inseltour) 17 km; › **Borkum** › **Emden** › **Norddeich** 52 km; **Norddeich** (Fähre) › **Insel Juist** (Inseltour) 12 km; **Juist** › **Insel Norderney** (Inseltour) 13 km; **Norderney** › **Norddeich** › **Neßmersiel** › **Insel Baltrum** › **Neßmersiel** › **Norden** 30 km

Verkehrsmittel:

Die Fahrradstrecke auf dem Festland ist durchweg asphaltiert. Die Fähren zu den Inseln Borkum, Juist und Norderney transportieren Fahrräder, die Fahrradleihgebühr auf den Inseln ist in der Regel aber auch nicht höher als die Transportkosten. Der Fährverkehr nach Juist und Baltrum ist tideabhängig; bei Juist ist ggf. eine Kombination aus Flug und Fähre frühzeitig zu reservieren. Von Juist direkt nach Norderney gibt es ebenfalls Fähr- und Flugverbindungen. Auf der kleinen Insel Baltrum sind Fahrräder unerwünscht. Wer durchs Watt nach Baltrum wandert, sollte dies unbedingt mit einem Wattführer tun.

Nach einem Besichtigungstag in ***Emden** › S. 43 mit seinen Museen und Hafenflair geht es am zweiten Tag auf die Insel ***Borkum** › S. 45. Die zweistündige Überfahrt mit der Fähre mit Blick auf die Küste und Meer stimmt einen auf die Insel ein. Die Stadt Borkum, das Inselmuseum und den Leuchtturm erkundet man am besten zu Fuß. Den Rest des Tages streift man mit dem Fahrrad über die Insel durch Dünen, Marsch und am Strand entlang und macht dann Rast in den »Bauernstuben« in Ostland.

Wieder auf dem Festland angekommen führt am dritten Tag eine geruhsame Tagestour von Emden durch die uralten Wurtendörfer der **Krummhörn** › S. 44. Eine Rast auf dem Weg hat der malerische Hafen-

Typisch Nordsee: Dünen, Strand, viel Himmel und Meer

ort ***Greetsiel** › S. 45 verdient. Weiter geht es um die Leybucht herum, bis man am späten Nachmittag den Fährhafen **Norddeich** › S. 56 erreicht. Vom Deich aus sieht man bereits die Inseln Juist und Norderney. Statt mit der Fähre nach ***Juist** › S. 57 zu fahren, kann man die Insel auch mit dem Liniendienst bis zehnmal täglich anfliegen mit reizvollem Ausblick auf Meer und Wattlandschaft. Eine echte Zeitreise, denn vom Inselflughafen bummelt das Pferdekutschentaxi gemächlich wie anno dazumal in den Ort. Per Rad und per pedes ist das lange, aber nur wenige hundert Meter schmale Eiland mit seinem Endlosstrand, Dünenpfaden und vogelreichen Salzwiesen schnell entdeckt.

Am vierten Tag wird die Insel ****Norderney** › S. 60 erkundet. Hier spürt man noch die Eleganz früherer Bäderarchitektur. Trotz vieler Bausünden in der Stadt Norderney besitzt das einstige Modebad des 19. Jhs. viele historische Häuser und Charme. Naturliebhaber erradeln sich die Insel mit ihrem reizvollen Dünen- und Marschenland. Landmarke und Aussichtsplatz ist der Leuchtturm in der Inselmitte.

Tag fünf oder sechs, je nach dem, wie lange man auf Norderney bleibt, kann zu einem unvergesslichen Erlebnis werden, wenn man die Insel ***Baltrum** › S. 64 von Neßmersiel per Wattwanderung ansteuert, aber unbedingt mit einem Wattführer! Wenn man auf Baltrum dann auch noch den rund 7 km langen ***Gezeitenpfad** › S. 65 abwandert, wird man nie wieder vergessen, wie Ebbe und Flut funktionieren. Zum Abschluss der Tour steht ein Besichtigungstag in ***Norden** › S. 56 auf dem Programm. Er sollte dort zumindest ins Teemuseum und zum Anschauungsunterricht in ostfriesischer Teekultur führen.

Maritime Höhepunkte an der Deutschen Bucht

2 Harlesiel › Insel Wangerooge › Wilhelmshaven › Dangast › Fedderwardersiel › Bremerhaven › Land Wursten › Cuxhaven › Insel Helgoland › Cuxhaven

Distanzen:
Harlesiel › Wangerooge (Fähre); **Harlesiel › Wilhelmshaven** 45 km; **Wilhelmshaven › Dangast › Fedderwardersiel** (Butjadingen) **› Bremerhaven** 75 km; **Bremerhaven › Land Wursten › Cuxhaven** 55 km; **Cuxhaven › Helgoland** mit dem Seebäderschiff 2 ½ Std. Fahrzeit, mit dem Katamaran 1 ¼ Std. ein Weg **› Cuxhaven**

Verkehrsmittel:
Für die autofreie Insel Wangerooge stehen Parkplätze am Hafen und Flugplatz zur Verfügung. Die tideabhängige Fährfahrt dauert ca. 1 Std. 20 Min, dann folgt eine Bahnfahrt von 15 Min. auf der Insel. Schneller sind Flüge vom hafennahen Flugplatz Harle (5 Min.) Von Nordenham-Blexen verkehrt alle 20–60 Min. eine Weserfähre nach Bremerhaven. Die schnellste Schiffstour nach Helgoland geht ab Cuxhaven.

Die Tour startet in **Harlesiel** › S. 75 mit einem Kurzflug bzw. einer Fährfahrt auf die Insel ***Wangerooge** › S. 76. Die autofreie Bade- und Surfinsel lässt sich am besten zu Fuß oder per Fahrrad erkunden. Die Inseltour führt zum wuchtigen Wahrzeichen Westturm und zur stillen Ostspitze. Übernachten kann man auf Wangerooge oder in Harlesiel. Die zweite Etappe führt in die moderne Marinestadt ***Wilhelmshaven** › S. 82, die in einem Besichtigungstag alles bietet, was die Herzen von Seefahrtfans höher schlagen lässt: Marinemuseum, Wattenmeerhaus, Küstenmuseum, Traditionsschiffe oder JadeWeserPort.

Weiter geht die Fahrt am Jadebusen entlang. Im Nordseebad **Dangast** › S. 84 empfiehlt es sich, einen Zwischenstopp einzulegen. Bei Niedrigwasser fällt fast die gesamte riesige Bucht trocken, in deren Mitte ein einsamer Leuchtturm steht. Bei **Tossens** › S. 85 auf der Halbinsel Butjadingen mit ihren vielen Feriendörfern und Urlaubsorten ist mit dem »Ferienpark Nordseeküste« eine gigantische künstliche Urlaubslandschaft entstanden. Echte Krabbenkutter erlebt man noch im kleinen Hafen **Fedderwardersiel** › S. 86.

Kogge im Deutschen Schifffahrts-museum, Bremerhaven

Das Übersetzen mit der Autofähre über die breite Wesermündung bei Nordenham/Blexen stimmt auf den nächsten maritimen Höhepunkt ein: ****Bremerhaven** › S. 86. Bremens supermoderner Hafen glänzt mit den neuen Erlebnismeile ****Havenwelten** mit u.a. ****Klimahaus Bremerhaven 8° Ost** und dem Klassiker ****Deutsches Schifffahrtsmuseum** sowie der Bummelmeile »**Schaufenster Fischereihafen**«. Die Weiterfahrt nach Cuxhaven führt durch das **Land Wursten** › S. 88, wo kostbare Orgeln in Dorfkirchen zu entdecken sind. Die dritte »Haven«-Stadt auf dieser Tour, nämlich ***Cuxhaven** › S. 89, liegt an der Elbmündung und damit an einem der wichtigsten Schifffahrtswege der Welt. Die großen Pötte sieht man hier allerdings nur vorbeiziehen auf dem Weg von/nach Hamburg. Dafür legen hier Katamaran und Seebäderschiff von der berühmten »Alten Liebe« nach ****Helgoland** › S. 91 ab. Ein Tagesausflug zu der zollfreien Hochseeinsel rundet die maritime Wochentour zu Inseln, Seehäfen und Nordsee-Ferienorten perfekt ab.

Touren in der Region

Touren in der Region	Region	Dauer	Seite
Von der Ems bis Krummhörn	Emsmündung	2 Tage	37
Von Norddeich bis Jever	Ostfriesland	1 Tag	53
Inseltouren auf Juist und Norderney	Ostfriesland	2 Tage	54
Auf Zeitreise in Carolinensiel und auf Wangerooge	Ostfriesland	2 Tage	55
Von Wilhelmshaven nach Cuxhaven	Zwischen Jade und Elbe	2 Tage	81
Beschauliche Halbinsel Eiderstedt	Eiderstedt	1 Tag	96
An der nordfriesischen Küste	Nordfriesland	1 Tag	112
Fahrradrundfahrt auf Föhr	Nordfriesland	1 Tag	112
Strandwandern auf Amrum	Nordfriesland	1/2 Tag	113
Vielseitiges Sylt	Nordfriesland	2 Tage	115

Klima und Reisezeit

Westwinde bringen von Nordsee und Atlantik her feuchte, staubfreie Luft mit gemäßigten Temperaturen an die Nordseeküste. Das Wetter ist oft wechselhaft. Nur langsam ändert das Meerwasser seine Temperatur. Die Winter an der Küste sind einige Grade wärmer als im Binnenland, dagegen ist das Frühjahr relativ kühl. Auch bei Windstille und Sommertemperaturen wird es an der Küste und auf den Inseln dank der stets frischen Seebrise selten richtig heiß. Mit Glück erreicht das Meer im Juni 16–17 °C, im Hochsommer 18 °C, im September oft noch 17 °C. Echte Nordseefans lieben denn auch das stürmische Winterhalbjahr und trotzen dem rauen Wind – gut verpackt in Pullover und »Friesennerz«.

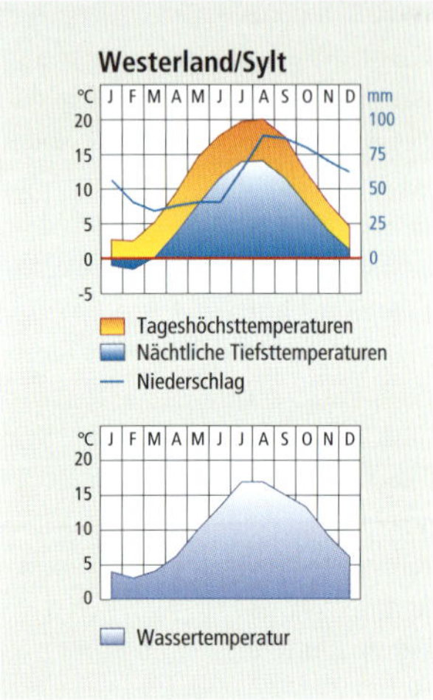

An die salz- und jodhaltige Luft und das gesunde Reizklima sollte man sich langsam annähern, d.h. in den ersten Tagen keine zu anstrengenden Touren unternehmen. Bei Fahrradrundtouren ist der mitunter starke Gegenwind einzukalkulieren, vor allem auf den Inseln. Allergiker freuen sich über die Staubfreiheit der Luft und die Pollenarmut.

Der Sommer ist kurz an der See und dementsprechend auch die (teure!) Hauptsaison im Juli und August – dann ist wirklich fast alles ausgebucht, wie auch von Weihnachten bis Jahresanfang. Auch während der Wintermonate ist es reizvoll, auf den Inseln Urlaub zu machen.

Immer eine kräftige Brise am Deich

Anreise

Mit der Bahn

Direkt bis an die Küste fährt die Bahn in Emden, Norddeich, Wilhelmshaven, Bremerhaven und Cuxhaven. Zu den Inselfähren gibt es in der Regel Anschlussbusse. In Schleswig-Holstein verbindet die Nord-Ostsee-Bahn Hamburg mit Sylt; wer nach Föhr und Amrum möchte, steigt in Niebüll um. Über den Hindenburgdamm nach Sylt verkehren Züge und der DB-Autozug SyltShuttle bis zu 18-mal am Tag in beide Richtungen zwischen Westerland und Niebüll (www.syltshuttle.de). Im Stundentakt verbindet ein Regionalzug Husum und Bad St. Peter-Ording.

Mit dem Auto

Viele kleine Landstraßen hat die Nordseeküste. Alle Autobahnen im Küstenraum enden in größeren Orten: A31 in Emden, A29 in Wilhelmshaven, A27 in Cuxhaven und A23 in Heide. Nach Nordfriesland benutzt man die A7 Hamburg–Flensburg und schwenkt dann westlich ab.

Elbfähren

Über die Elbe kommt man trocken erst 100 km landeinwärts durch den Elbtunnel oder über die Elbbrücken in Hamburg. Stromabwärts stellen Autofähren zwischen Wischhafen und Glückstadt die Verbindung zwischen Niedersachsen und Schleswig-Holstein her (tgl. 5–22.30 Uhr, alle 30 Min., Fahrtdauer 25 Min., Pkw je nach Länge 5–10 €; www.elbfaehre.de). Von Mai bis Anfang Oktober verkehrt auch die Personenfähre Brunsbüttel–Cuxhaven (nur je 2-mal Di und Do, Fahrtdauer 2–2,5 Std.; www.psb-brandt.de).

Reisen in der Region

Wegen der engen und nicht sehr tiefen Fahrrinnen im Wattenmeer bestimmen die Gezeiten den Fahrplan der Fähren. Er wird für das ganze Jahr nach Datum angegeben. Zu festen Zeiten verkehren nur die Fähren zu den größeren Inseln Borkum, Norderney und Langeoog sowie nach Föhr und Amrum. Autofrei sind Juist, Baltrum, Spiekeroog, Wangerooge, Neuwerk, Helgoland und die Halligen. Auf Baltrum, Spiekeroog und Helgoland sind sogar Fahrräder unerwünscht.

Special

Unterwegs mit Kindern

Am Wattenmeer

Für die jungen Besucher haben sich die nachfolgenden Nationalpark-Besucherzentren besonders spannende Natur- und Informationsshows ausgedacht:

- **Multimar Wattforum** in **Tönning** (www.multimar-wattforum.de) › S. 105.
- **Gezeitenhaus** sowie der **Gezeitenpfad** mit Stationen zum Mitmachen auf **Baltrum** › S. 65.
- **Wattenmeer Besucherzentrum** in **Wilhelmshaven** (www.wattenmeerhaus.de) › S. 83.
- **Nationalpark-Haus Wangerooge** › S. 76 (Friedrich-August-Str. 18, Mitte März–Ende Okt. Di–Fr 9–13, 14–18, Sa, So 10–12, 14–17 Uhr, außerhalb der Saison gibt es kürzere Öffnungszeiten, www.nationalparkhaus-wattenmeer.de).
- **Schutzstation Wattenmeer** in **Hörnum auf Sylt** › S. 135, mit Piep-Show, dabei wandert man zu den Seevögeln der Südspitze von Sylt (www.schutzstation-wattenmeer.de).
- **Sturmflutenwelt Blanker Hans** in **Büsum** › S. 103 (www.blanker-hans.de) ist etwas für ältere Kinder mit genügend Mut.

Piratenspiel und Schatzsuche

Auf **Langeoog** › S. 68 ist die Piratenfahrt mit einem Schiff der Langeooger Fährlinie der große Hit (www.langeoog-kids.de). Mit Schminke, Augenklappe und Schatzkarte geht es auf Fahrt. Rätsel lösen, Abenteuer bestehen, ein Schiff kapern – gehört alles dazu. Am Schluss gibt es sogar eine Goldmünze vom Käpt'n.

In der Gegend von **Cuxhaven** › S. 89 geisterten Störtebeker und seine Piratencrew im 14. Jh. herum. Hier spürt man heute »Käpt'n Käsesocke und seiner Eulalia« nach, in Cuxhaven-Döse trifft man sich am Piratenschiff oder geht mit der »Jan Cux II« auf Schatzsuche. Alle Kinderaktivitäten gibt es haargenau erklärt auf http://cuxkinder.cuxhaven.de.

Auf der Familieninsel **Föhr** › S. 122 finden in der Ferienzeit sogar richtige »Piratentage« statt, an denen Kinder im Piratenlager eine Seeräuberausbildung absolvieren, dazu gehört u. a. Seemannsknoten knüpfen, Shantys singen, Rumfass anstechen, auch Wattwandern und Feiern, bis man am Schluss sein Piratenpatent in die Seemannspranke gedrückt bekommt (www.foehr.de/familie/kinderprogramm/piratentage).

Im Norden von **Sylt** sticht im Hafen von **List** › S. 139 die »Gret Palucca«, ein richtiger alter Kutter, mit einer waschechten Kinder-Piratenschar in See. Der Oberpirat hat alles im Griff, trotz der üblichen Meuterei, viel Seemannsgarn wird gesponnen, und sogar Kanonen sind an Bord (Adler-Schiffe, www.adler-schiffe.de, Tel. 0 46 51/98 70-0; Di, Mi, Fr, Sa 16–18 Uhr ab/bis Hafen List).

Erlebnis- und Freizeitparks

Der **Jaderpark** ist ein kombinierter Freizeitpark mit Fahrattraktionen, Zoo und Spielscheune (A29 von Oldenburg Richtung Wilhelmshaven, Abfahrt Jaderberg, Tiergartenstr. 69, www.jaderpark.de).

Spielen nach Herzenslust heißt es im Indoorspielpark **PELOTERO Fun-City** am Nordrand der Stadt Wesselburen. Die 2500-m²-Halle hält als Kontrastprogramm zur Nordsee-Natur vom Wabbelberg bis zum Motorrad-Fahrsimulator, vom Irrgarten bis zu Waterwalking-Bällen ausgefallene und herkömmliche Spiele bereit (pelotero.de).

Das vielseitige **Legoland** im dänischen Billund lohnt die rund 160 km Anreise (etwa 2,5 Std.) von den Urlaubsorten Nordfrieslands: Ein Riesen-Erlebnispark mit u. a. Legostein-Welt Adventure Land, Knights Kingdom, Piratenland, Imagination Zone und Miniland, in einem Tag lässt sich längst nicht alles bewältigen (www.legoland.dk mit Anfahrtsplan, Ende März–Okt. fast tgl. geöffnet, im Hochsommer bis 21 Uhr, Familienkarte ca. 130 €).

Sport und Aktivitäten

Radfahren

Sage und schreibe 907 km lang ist die Fahrradstrecke an der deutschen Nordseeküste, sie ist Teil der insgesamt 6000 km langen »North Sea Cycle Route« (www.northsea-cycle.com). An den Deichen entlang führen oft asphaltierte Wirtschaftswege, die für den öffentlichen Autoverkehr gesperrt sind. Viele Gemeinden haben die Radwege ausgeschildert und halten Leihräder bereit. Auf den Inseln Baltrum und Spiekeroog sind Räder jedoch nicht erlaubt.

ADFC – Allgemeiner Deutscher Fahrrad-Club e.V.

www.adfc.de][Landesverband Schleswig-Holstein][Tel. 04 31/6 31 90
Landesverband Niedersachsen][Tel. 05 11/28 25 57

Wattwandern

Wattwandern gehört einfach zu einem Nordseeurlaub dazu. Bevor man sich jedoch bei Ebbe auf den trocken gefallenen Meeresboden wagt: unbedingt nach den Gezeiten und Wetterbedingungen erkundigen, bei ablaufendem Wasser losgehen, immer eine Uhr mitnehmen. Sicherer und dazu lehrreich sind geführte Wanderungen mit örtlichen Experten. Wattführungen und Wattexkursionen bieten auch fast alle Naturpark-Informationszentren und die örtlichen Touristik-Informationen.

Wattwandern – ein ganz besonderes Erlebnis

! Natürlich kann man barfußwattwandern, es empfiehlt sich jedoch, leichte und – wichtig! – fest sitzende Schuhe (z. B. alte Stoffturnschuhe) zu tragen – so können die scharfen Kanten der Muschelschalen den Füßen nichts anhaben.

Schwimmen

Die meisten Badeorte haben ein Meerschwimmbad bzw. ein Wellen- und Erlebnisbad.

! Wenn man lieber im Meer schwimmen möchte, dann nur an bewachten und ausgewiesenen Badestränden und nie bei Ebbe! Der Sog bei ablaufendem Wasser ist so stark, dass selbst die besten Schwimmer nicht mehr ans Ufer zurückkommen. An den offiziellen Badestränden werden bei Gefahr rote Bälle an einem Mast aufgezogen. Ein Ball bedeutet: Für Kinder und Nichtschwimmer verboten, zwei Bälle: Baden für alle verboten!

Sport am Strand

Strandgymnastik gehört in den meisten Seebädern zum Angebot, ebenso Beachhandball und -volleyball mit häufigen Turnieren. Informationen über die örtlichen Kurverwaltungen.

Surfen und Kiten

Die meisten Surfreviere befinden sich auf den Inseln; Infos bekommt man direkt von den Touristikämtern. Einer der Hotspots für Surfen und Kiten ist Westerland auf Sylt, wo auch jährliche Worldcup-Meisterschaften ausge-

Echt gut!

Interessante Lauf-Veranstaltungen

- **Borkumer Meilenlauf mit Nordic Walking**: Alljährlich zieht das Event rund 1000 Läufer an. Gewertet werden vom Halbmarathon mit 11,66 Seemeilen, Nordic Walking mit 6,5 Seemeilen bis zum kürzesten Piratenlauf für die Kleinen mit 0,54 Seemeilen: www.borkumer-meilenlauf.de.
- **Islandman Norderney**: Der Triathlon auf Norderney im September spielt sich im Meer (Schwimmen), im Ort und auf der Strandpromenade (Laufen) sowie auf den Straßen zum Leuchtturm (Radeln) ab: www.islandman-norderney.de.
- **Westturmlauf Wangerooge**: 10 km Laufen oder Walken zum Westturm, dem Wahrzeichen Wangerooges › S. 77.
- **EWE-Nordseelauf**: 8 spannende Etappen à rund 10 km, verteilt auf 8 Tage und 8 jährlich wechselnde Küstenorte bzw. Inseln an der niedersächsische Nordseeküste, Informationen: www.nordseelauf.de.
- **Bremerhavener Seemeile**: Rund 600 Sportsfreunde jeden Alters absolvieren alle Jahre im Mai Wettlaufen über 12, 6 und 3 Seemeilen im Hafen: www.bremerhaven-lauf.de.
- **Helgoland-Marathon** – eine etwas schräge Angelegenheit: Trickreich legen die Helgoländer eine gut 10 km lange Laufroute über ihr Inselchen, die man für den Marathon vier Mal zurücklegen muss. Helgoland ist nur knapp einen Quadratkilometer groß! www.helgolandmarathon.de.

Beschwingte Friesen-Fitness

Die Küstenregion Norddeutschlands hat auch ihre eigenen regionaltypischen Sportarten, die dort liebevoll gepflegt werden.

Boßeln

Beim Boßeln (gesprochen mit langem o) treten meist zwei Mannschaften à fünf Spieler gegeneinander an und rollen mit geschicktem Drall die Boßelkugel aus Hartholz oder Hartgummi über die winterliche Landstraße. Manche Orte bieten sogar Boßelkurse für Gäste an. Bekannter ist die ostfriesische Volkssport-Variante, nämlich das Straßen-Boßeln im Winter, wo Fehllandungen der Boßelkugel im Straßengraben meist feuchtfröhlich begossen werden. Interessantes zum Boßelsport: www.bosseln-online.de.

Norddeutsche Schlickschlittenmeisterschaften

Tausende von Besuchern feuern bei diesem matschigen zweistündigen Event im ostfriesischen Upleward ihre Favoriten an und feiern den ganzen Tag auf der Wiese hinterm Deich. Das Rennen ist im Internet unter www.greetsiel.de unter »Veranstaltungen/Karneval im Watt« mit farbenfrohen Fotos dokumentiert!

Duhner Wattrennen

Rund 30 000 Zuschauer verfolgen alljährlich Anfang August das Pferderennen auf dem teils noch überschwemmten, teils freiliegenden Meeresboden vor dem Deich in Cuxhaven-Duhnen: www.duhner-wattrennen.de.

Ringreiten, Rolandreiten

Die Reiterinnen und Reiter müssen sehr geschickt an einer Reihe von Galgen vorbei reiten und den dort herabhängenden kleinen Messingring mit einer Lanze aufspießen. Das an mittelalterliche Reitturniere erinnernde Ringreiten hat eine lange Tradition in Norddeutschland, es wird besonders in Nordfriesland noch intensiv gepflegt und in Wettkämpfen ausgetragen, z. B. auf dem Heider Marktfrieden, Info: www.dithmarschen-wiki.de/Rolandreiten.

tragen werden. Aber nur die wirklichen Könner unter den Surfern sollten sich auf die Seeseite einer Insel oder an die offene Festlandsküste wagen. Alle anderen gehören unter Aufsicht von Surflehrern auf die seichte Wattseite oder auf weniger riskante Gewässer hinterm Deich.

Inline-Skaten

Die Begleitwege an den Seedeichen sind zumeist perfekt asphaltiert, aber stellenweise muss man sich das Gelände mit Schafen teilen, die hie und da die Wege düngen, und da rollt dann bald kein Rad mehr. Jedes Jahr um Christi Himmelfahrt gibt es auf Nordstrand einen Skater-Marathon: www.nordfriesland-skating.de.

Reiten

Die Reitmöglichkeiten an der Küste und auf den Inseln sind geradezu ideal für alle Arten von Reitsport für Jung und Alt. Reiterhöfe finden sich immer irgendwo in der Nähe der Ferienorte. Eine ausführliche Übersicht über Reitmöglichkeiten, Reiterhöfe, Reitschulen, Reitwege und Reitveranstaltungen in **Ostfriesland** bietet www.ostfriesland.de/mein-ostfriesland/reiten.html, und für **Schleswig-Holstein**: www.sh-tourismus.de/de/reiten-in-schleswig-holstein.

Unterkunft

Unterkünfte in den **Nordseebädern** findet man rasch unter www.nordseebaeder.de und www.sh-tourismus.de, im Übrigen bei den örtlichen Kurverwaltungen bzw. Tourist-Informationen und deren Zimmervermittlung sowie auf ihren Internetseiten.

Auf den Ostfriesischen Inseln

Das Angebot an Ferienwohnungen und -häusern ist generell groß und vielfältig. Die meisten Unterkünfte in allen Kategorien bietet die Insel Norderney. Hier und auf Langeoog ist das Preisniveau am höchsten. Kurtaxen in der Hochsaison (ca. Mai–Sept.) betragen dort 3,40 € bzw. 3,50 € pro Tag. Wer nicht auf Schulferien achten muss, fährt außerhalb der Hauptsaison (Juli und August) erheblich günstiger.

Auf den Nordfriesischen Inseln

Ferienwohnungen und inseltypische Ferienhäuser im Grünen oder in den Dünen sind auch in Nordfriesland sehr beliebt. In allen größeren Badeorten gibt es darüber hinaus auch gute Hotels und Pensionen und eine begrenzte Anzahl von Privatquartieren, die preislich oft sogar mit

Je näher am Strand, desto höher die Hotelpreise

denen von Jugendherbergen konkurrieren. Auf Sylt ist das Unterkunftsangebot besonders breit gefächert. Wenningstedt in der Nähe von Westerland ist eher ein preiswertes Familienbad, Morsum im Osten gleicht den Nachteil der Strandferne durch günstigere Preise aus. Im Übrigen rangiert Sylt bei den Übernachtungspreisen ganz oben, vor allem in Westerland und Kampen (Kurtaxe 3,10 € bzw. 3 €).

Auf dem Festland

In den Küstenbadeorten sind **Ferienwohnungen und -häuser** häufig preiswerter als auf den Inseln, so zum Beispiel zwischen Schillig und Wilhelmshaven. Auch viele Camper machen hier Urlaub. Ein vielseitiges Unterkunftsangebot bieten Cuxhaven und St. Peter-Ording entlang ihrer Strände. Die Badeorte an der »grünen« Küste wie in Butjadingen, im Land Wursten oder nördlich der Elbe in Friedrichskoog und Büsum haben viele Stammgäste, die die moderaten Preise schätzen.

Mit größerer Entfernung zur Küste sinken in der Regel die Preise. Für Familien sind beispielsweise auch **Ferien auf dem Bauernhof** ideal. Die bewirtschafteten Höfe mit Tieren und Frischeprodukten aus Eigenanbau befinden sich meist nur wenige Kilometer hinter der Küste und bieten ebenfalls Ferienwohnungen für Selbstversorger. Informationen bei den Kurverwaltungen oder www.bauernhofurlaub.de.

Für junge Menschen ohne große Komfortansprüche offerieren wie überall **Jugendherbergen** preiswerte Übernachtungsmöglichkeiten. Eine Übersicht über die Häuser in der Region gibt es auf nordmark.jugendherberge.de sowie nordwesten.jugendherberge.de.

Camping

Campingplätze gibt es in großer Zahl in fast allen Orten der Küste und auf den Inseln, viele sind stark von Dauercampern frequentiert. Voranmeldung ist empfehlenswert. Eine Übersicht gibt www.ostsee-und-nordsee.de/camping/nordsee.html sowie diverse Camping-Führer wie der jährlich neu erscheinende ADAC-Europa-Campingführer.

Saisonpreise und Kurtaxe

Die Hauptsaison an der Nordsee fällt in die Zeit der Sommerferien: Von etwa Mitte Juni bis Anfang September sind die Preise am höchsten. Häufig zählt auch die Zeit von Weihnachten bis Anfang Januar dazu. Die günstigere Zwischensaison dauert etwa von Ostern bis Mitte Juni und von September bis Ende Oktober. In der übrigen Zeit sind die Preise am niedrigsten. Die Saisonzeiten legt der Vermieter fest. Gäste, die nur eine Nacht bleiben, zahlen manchmal etwas mehr.

Da nahezu alle Ortschaften im Küstenraum das Etikett »Kurort« tragen, ist in der Regel eine **Kurtaxe** zu entrichten, die zwischen 1,50 und 3,50 € pro Person und Tag liegt. Etwa den gleichen Betrag zahlen Tagesgäste für die Strandnutzung. Auf die Kurkarte gibt es in vielen Orten Vergünstigungen wie ermäßigten Eintritt usw.

Manche Nachbargemeinden oder in Verbänden zusammengeschlossene Bäder erkennen die Kurkarten anderer Orte an.

Echt gut!

Die interessantesten historischen Hotels

- **Kurhaus Juist** – um 1900 beherbergte das weiße, schlossartige Hotel adlige und gut begüterte Gäste; in bester Lage am Strand › S. 59.
- **Westturm Wangerooge** – übernachten im Wahrzeichen der Insel – eine der originellsten Jugendherbergen der Welt › S. 78.
- **Altes Gymnasium** in Husum – das komfortable Romantik-Hotel trägt noch den Namen seiner ursprünglichen Bestimmung: Hier drückte Dichter Theodor Storm einst die Schulbank › S. 117.
- **Landhaus Altes Pastorat** – acht Luxuszimmer neben der mittelalterlichen Laurentii-Kirche im stillen östlichen Teil der Insel Föhr › S. 125.
- **Fährhaus Sylt** – aus dem Traditionsgasthof des einstigen Fährorts Munkmarsch ging ein exklusives Hotel mit hervorragender Gastronomie hervor › S. 132.
- **Gästehaus Seebüll** – übernachten, wo der Maler sich verwurzelt fühlte – so kann man Emil Nolde noch besser verstehen › S. 140.

Land und Leute

Steckbrief][Geschichte][
Natur und Umwelt][Kunst und
Kultur][Feste und Veranstaltungen][
Essen und Trinken

Steckbrief

Nordseeküste und Inseln

Länge: deutsche Festlandsküste: ca. 450 km
Inseln: 14 bewohnte deutsche Nordsee-Inseln mit Helgoland und Neuwerk, davon 7 ostfriesische und 5 nordfriesische, plus 10 Halligen
Einwohner: auf allen Nordseeinseln rund 40 000, davon Sylt: 21 000; in den größeren Küstenorten etwa 400 000

Die größten Städte:
Bremerhaven (113 000 Einw.), Wilhelmshaven (81 000 Einw.), Emden (52 000 Einw.)
Höchster Punkt: der Pinneberg auf der Insel Helgoland: 61 m

Lage

Die deutsche Nordseeküste erstreckt sich von der niederländischen Grenze im Westen bis zur dänischen Grenze im Norden. Der nördlichste Punkt Deutschlands liegt auf der Insel Sylt bei 55° 3' Nord. Die großen Seehäfen liegen an den Flussmündungen: Emden an der Ems, Wilhelmshaven an der Jade, Bremerhaven an der Weser und Cuxhaven an der Elbe. Die meisten Inseln liegen vor Ostfriesland, Nordfriesland besitzt mit Sylt, Föhr und Pellworm die größeren Inseln, nur Amrum ist kleiner als Borkum und Norderney.

Politik und Verwaltung

Vier Bundesländer teilen sich die Verwaltung der Nordseeküste.

Zu Niedersachsens Nordseeküste gehört das Land zwischen der niederländischen Grenze bis zur Elbe.

Der Stadtstaat Bremen verwaltet den Seehafen Bremerhaven, Hamburg besitzt das 114 km^2 kleine Stück Wattenmeer westlich von Cuxhaven mit einigen Sänden sowie der Insel Neuwerk.

Nördlich der Elbe schließt sich bis zur dänischen Grenze das Bundesland Schleswig-Holstein an.

Wirtschaft

Die fettesten Böden liegen nahe den Seedeichen und sind die Grundlage für ertragreiche Landwirtschaft. Fischerei, besonders Krabbenfang, sieht man am ehesten in den kleineren Hafenorten; sie fällt allerdings wirtschaftlich wenig ins Gewicht. Schiffbau wird meist im Hinterland betrieben, z.B. von der Meyer Werft in Papenburg.

Kur- und Badetourismus, schon vor 200 Jahren eingeführt, ist der wichtigste Erwerbszweig an der Nordsee. Die schönen Strände auf der Seeseite der Inseln, gesundes Reizklima am Meer und das Naturschauspiel von Ebbe und Flut im UNESCO-Weltnaturerbe Wattenmeer sind von keinem anderen Küstengebiet Deutschlands zu überbieten.

Die Menschen

Bis auf das Land Dithmarschen zwischen Elbe und Eider, das seit der Zeit Karls des Großen von Sachsen besiedelt wird, ließen sich ab dem 7.–8. Jh. vor allem Friesen an der deutschen Nordseeküste nieder.

Die fruchtbaren Marschenböden ergaben reiche Ernteerträge. Trotz ständiger Bedrohung durch Sturmfluten lockte dies vor allem im 17. und 18. Jh. Glaubensflüchtlinge an, die sich hier niederließen.

Nach dem Zweiten Weltkrieg war es die lukrative Landwirtschaft in Schleswig-Holstein, die Hunderttausende Flüchtlinge aus dem deutschen Osten anzog.

Typisch für Friesland sind die reetgedeckten Häuser

Sprache

Auf Helgoland und in Nordfriesland hat sich noch das Friesische erhalten, es ist dem Englischen näher verwandt als dem Deutschen.

Etwa 10 000 Personen beherrschen die sechs inselnordfriesischen und acht festlandnordfriesischen Dialekte. Besonders auf Amrum (auf Amring, der Amrumer Variante des Friesischen, heißt die Insel Öömrang) fallen Besuchern die zweisprachigen Ortsschilder auf.

In Ostfriesland ist das Friesische schon vor Jahrhunderten als Umgangssprache verloren gegangen und durch das in Niedersachsen und Schleswig-Holstein übliche Plattdeutsch mit regionalen Ausprägungen ersetzt worden.

Bis weit ins Binnenland hat sich die Begrüßung »Moin« durchgesetzt: Das heißt »gut« oder »schön«, nicht, wie häufig angenommen, »Morgen«.

Geschichte im Überblick

Um 6000 v. Chr. Die Nordsee hat etwa ihre heutige Ausdehnung erreicht. Menschen leben auf der Geest oberhalb der Küste.
Im 1. Jh. v. Chr. ermöglicht der inzwischen leicht gesunkene Meeresspiegel Marschensiedlungen auf natürlichen Ufer- und Strandwällen. In den folgenden Jahrhunderten steigt das Meerwasser: Siedlungen müssen auf künstlichen Hügeln errichtet werden (Warft, Warf, Wurt).
4.–5. Jh. Zur Völkerwanderungszeit leert sich das Gebiet an der nördlichen Nordseeküste weitgehend.
7.–8. Jh. Aus den Niederlanden wandern Friesen ost- und nordwärts in verlassene Marschen ein und betreiben Ackerbau und Viehzucht. In Dithmarschen zwischen Eider und Elbe schützen Sachsen diesen äußersten Vorposten Karls des Großen.
10.–11. Jh. Die Seefahrer-Bauern wachsen zu reichen, selbstbewussten Gemeinschaften heran.
1334 Die zerstörerische Clemensflut schafft den Jadebusen und macht Butjadingen zu einer Insel.
1362 Die Marcellusflut lässt den Dollart einbrechen und schwemmt als »Grote Mandränke« Teile der Marscheninseln Nordfrieslands fort.
14. Jh. In Ostfriesland entwickeln sich Großbauerngeschlechter zu Feudalherren, die sich gegenseitig den Rang streitig machen.
1500 Dithmarscher Bauern schlagen das Heer des Dänenkönigs Johann bei Hemmingstedt und können ihre Freiheit noch bewahren.
1559 In der »letzten Fehde« müssen sich die Dithmarscher den Holsteinern unterwerfen. Das nördliche Nordsee-Küstengebiet bis zur Elbe steht bis 1864 unter der Oberherrschaft Dänemarks.
1570 Die Allerheiligenflut sucht besonders die niederländische und ostfriesische Küste heim.
1575 Ostfriesland verliert Jever und östliche Gebietsteile an Oldenburg.
1634 Die Buchardiflut formt die nordfriesische Küste neu.
1717–1720 Mehrere Sturmfluten zerstören Deiche an der gesamten Küste und setzen große Teile der Marschen unter Wasser.
1800 Norderney wird das zweite Seebad in Deutschland.
1815–1866 Ostfriesland gehört zum Königreich Hannover.
1825 Die Februarsturmflut sucht besonders die nordfriesischen Halligen heim.
1864–1866 Im deutsch-dänischen Krieg verliert Dänemark Schleswig-Holstein an Preußen.
1927 Bau des Hindenburgdamms nach Sylt.
1962 Die Februarsturmflut richtet bis über Hamburg hinaus

starken Schaden im Hinterland der Nordsee an, während die Küste durch ihre inzwischen starken Seedeiche weniger Verluste zu beklagen hat.

1985–1986 Schleswig-Holstein und Niedersachsen erklären ihre Wattgebiete zu Nationalparks.

1990 Auch Hamburg macht aus seinem Wattgebiet um Neuwerk einen Nationalpark.

2009 Das Wattenmeer in der Deutschen Bucht (wichtigstes gezeitenabhängiges Feuchtbiotop) wird UNESCO-Weltnaturerbe.

2010 Der Bau des weltgrößten zusammenhängenden Meereswindparks Deutsche Bucht wird genehmigt.

2013 Helgoland bereitet sich auf seine Zukunft als Offshore-Servicezentrum vor.

Natur und Umwelt

Norddeutschlands Westküste besteht nur an wenigen Stellen aus der sandigen **Geest**, die die eiszeitlichen Gletscher hier aufgehäuft haben. Den größeren Teil macht die **Marsch** aus, geschaffen von Meeres- und Flussablagerungen. Wo Menschen die niedrige, aber fruchtbare Marsch besiedeln, müssen sie sich vor Sturmfluten schützen. Seit über 1000 Jahren bauen sie – mit mehr oder weniger Erfolg – kilometerlange Deiche und entwässern den gesamten Küstenraum bis weit über 100 km ins Binnenland hinein. Deiche, Gräben, Schöpfwerke, Siele – sie alle wurden mühsam für den Küstenschutz angelegt und müssen tipptopp in Stand gehalten werden. Tausende Deichschafe treten die Deiche fest und halten das Gras kurz. Diese Grasnarbe auf der Seeseite nennt man »grünen Strand«. Sandstrand ist am Festland selten und wird zum Teil künstlich aufgefahren. Auf der Meerseite breitet sich vor dem Deich oft ein Vorland aus (auch Außengroden oder Heller genannt) mit saftig dunkelgrünen Salzwiesen, darauf folgt dann erst das amphibische Watt.

Schafe sind wichtige Deichschützer

Kunst und Kultur

Architektur

Die Marsch kennt keine Steine, und im ständigen Wind an der Küste gedeihen Bäume nicht gut. Der feine Marschenton aber lässt sich zu Ziegeln backen und brennen, kein Wunder, dass Backsteinhäuser hier verbreitet sind. Traditionelle Bauernhöfe an der Nordsee haben die Form des niederdeutschen Fachhallenhauses (Niedersachsenhaus) oder des Gulfhauses der Friesen. Für beide benötigte man als Grundgerüst gewaltige Baumstämme, die man sich in früheren Zeiten von der Geest besorgte, die Dächer wurden mit Reet (Schilf) gedeckt. Haubarg nennt man die riesigen Gulfhäuser, die sich auf der Halbinsel Eiderstedt entwickelten. Hier konnte man bei Sturmfluten im oberen Stockwerk unter dem hohen Reetdach Schutz finden, falls Wasser in das Erdgeschoss eindrang. Die Insel-Nordfriesen bauen sich ihr Utlandhus, einen schmalen, meist reetgedeckten Backsteinbau mit Eingangsflur in der Mitte.

Malerei

Die Südsee hat sicher mehr berühmte Maler angezogen als die raue Nordsee. Ein Künstler hat zwar auch die Südsee besucht, ließ sich aber nicht beirren, er blieb seiner Herkunft und seiner Kunst treu: Emil Nolde (1867–1956). Siegfried Lenz setzte dem Expressionisten, der unter den Nazis Malverbot erhielt, mit seinem Roman »Deutschstunde« ein Denkmal. Das Nolde-Museum und Garten lockt viele Besucher in den Norden nach Seebüll nahe der dänischen Grenze › S. 140. Das Museum »Kunst der Westküste« in Alkersum auf Föhr präsentiert seit 2009 die Küstenlandschaft aus der Sicht verschiedener Künstler › S. 125.

Das Nolde-Museum in Seebüll zeigt rund 160 Werke des Expressionisten

Musik

An der Nordseeküste pfeift nicht nur der Wind: Hunderte von Orgeln gibt es im deutsch-niederländischen Küstenland. Ostfriesland besitzt 60 kostbare Orgeln, die über 150 Jahre alt sind.

Zentrum der Orgelforschung ist das das **Organeum in Weener** › S. 41. Während der politischen Wirren der Niederlande im 16. Jh. zogen viele holländische Instrumentenbauer ostwärts und bescherten deutschen Küstenorten manche gute Orgel. In den ruhigeren Zeiten des 17./18. Jhs. erhielten aber auch deutsche Orgelbauer Aufträge im In- und Ausland; unter ihnen der berühmte Arp Schnitger (1649–1719). Er baute z. B. die Orgeln in St. Ludgeri im ostfriesischen Norden, in Cappeln im Land Wursten oder in St. Salvator auf der Insel Pellworm. Die kleine Kirche St. Severin in Keitum auf Sylt lädt regelmäßig zu Orgelmusikabenden bei Kerzenschein ein.

Das **Schleswig-Holstein Musik Festival** (www.shmf.de) bringt alljährlich im Juli und August internationalen Musikgenuss an die Nordsee: Spielstätten an der Westküste sind auf dem Festland in Niebüll, Husum, Heide und Meldorf, außerdem in verschiedenen Orten auf der Insel Föhr. Auf Norderney spielen die Warschauer Symphoniker seit über zwei Jahrzehnten allsommerlich für die Gäste.

Literatur

Die gewaltigen Naturkräfte an der Nordsee haben nicht nur Maler angesprochen. Auch Theodor Storm (1817–1888), Dichter und Jurist aus Husum, machte sie zum Gegenstand seiner berühmten Novelle »Der Schimmelreiter«: Hauke Haien, Sohn eines armen Bauern, wird durch Heirat Deichgraf und setzt den Bau eines neuartigen Deichs mit flacher Neigung zum Meer durch, vernachlässigt darüber aber den alten. Der bricht bei einer Sturmflut. Als seine Frau und seine Tochter in den Wassermassen ertrinken, stürzt er sich selbst samt Schimmel hinterher. Sogar ein Koog wurde nach dem literarischen Vorbild benannt: der Hauke-Haien-Koog östlich des nordfriesischen Fährhafens Schlüttsiel.

Gern schmückt sich die kleine Stadt Wesselburen in Dithmarschen damit, Geburtsort von Friedrich Hebbel (1813–1863) zu sein, doch die erfolgreichere Schaffenszeit des Dichters und Dramatikers (u. a. schrieb er »Maria Magdalena« und »Die Nibelungen«) spielte sich in Wien ab.

Der Dichter Detlev von Liliencron (1844–1909) tat knapp zwei Jahre als Königlicher Hardesvogt und Strandhauptmann auf Pellworm Dienst, gut gefallen haben dem Tanzbaron das Inselleben, die blondbezopften Mädchen und der Teepunsch. Sein bekanntestes Gedicht »Trutz, Blanke Hans« entstand hier, eine Erinnerung an den Untergang der stolzen Stadt Rungholt während der Marcellusflut von 1362. Es war das Verdienst des in Heide geborenen Dichters und Lyrikers Klaus Groth (1819–1899), das Plattdeutsche als Literatursprache durchzusetzen.

Feste und Veranstaltungen

Die Veranstaltungskalender der Urlaubsorte und -inseln sind vor allem im Sommer prall gefüllt. Infos und Termine finden sich meist in den regionalen Gästemagazinen sowie bei den örtlichen Kurverwaltungen bzw. Tourist-Informationen und im Internet. Online-Veranstaltungskalender für Niedersachsen: www.reiseland-niedersachsen.de, für Schleswig-Holstein www.schleswig-holstein.de/Kultur. Der nachfolgende Festkalender enthält eine Auswahl traditioneller Feste und Veranstaltungen.

Festkalender

Februar: Biikebrennen: Winteraustreiben mit Freudenfeuern am 21. in Nordfriesland.

März/April: Eierwerfen oder **Eiertrullern** zu Ostern an vielen Orten an der Nordsee, z. B. auf Norderney. **Krokusblütenfest** in Husum.

Mai: Strandsegelregatta in St. Peter-Ording. **Matjestage und Traditionsschifftreffen** in Emden. **Ringreiten, Geschicklichkeitsspiel zu Pferde** in einigen Gemeinden Nordfrieslands und Dithmarschens.

Ringreiten beim Peermarkt

Mai/Juni an Pfingsten: **Nordseewoche** auf Helgoland mit Segelregatta »Rund Helgoland«.

Juni: Internationales Filmfest Emden–Norderney.

Juli: Heider Marktfrieden: Mittelalter-Spektakel in Heide (in geraden Jahren). **Schützenfest der Schützencompagnie** von 1577 in Esens. **Duhner Wattrennen**: Pferderennen am Strand von Duhnen (Cuxhaven). **Internationales Tourenskipper-Treffen** in Leer.

Juli/August: Schleswig-Holstein Musik Festival – Klassikkonzerte in Kirchen, Sälen und Scheunen.

August: Peermarkt, traditioneller Pferdemarkt in Tönning (Eiderstedt). **Kutterregatta** in Büsum. **JadeWeserPort-Cup**, Traditionssegler-Regatta in Wilhelmshaven.

September: Dithmarscher Kohltage. **Surf-World-Cup** in Westerland, Sylt.

Oktober: Gallimarkt in Leer, Jahrmarkt.

November/Dezember: Weihnachtsmärkte in Emden, Norden, Wilhelmshaven.

Essen und Trinken

Klar, dass die Küstenbewohner ihren Gästen gern **Fisch** anbieten, gebraten, gedünstet, geräuchert: Seezunge, Makrele, Aal oder Hering, den Hering auch gern als Matjes, in Salzlake zu einer Delikatesse herangereift, die auf der Zunge zergeht. Ein prächtiger Wattfisch ist die Scholle: Schön platt und lecker, in vielen Variationen zubereitet.

Krabben, die ca. 2 cm langen Nordseegarnelen, gibt es überall entlang der Wattenküste; ihr Name ändert sich mit den Landschaften. In Ostfriesland heißen sie Granat, an der Elbmündung Kreut, in Dithmarschen Kraut und in Nordfriesland Purren oder Porren.

Schafe und Lämmer leben hier artgerecht in gesunder Nordseeluft und daher ist auch ihr Fleisch von hervorragender Qualität. Aus kulinarischer Sicht gibt es allerdings noch eine Steigerung: das **Salzwiesenlamm.** Nur an wenigen Stellen, z.B. auf der Insel Nordstrand und der Hamburger Hallig, dürfen die vierbeinigen Wollelieferanten auf den ansonsten unter Naturschutz stehenden Salzwiesen würzige Kräuter knabbern, diese geben ihrem Fleisch eine besonders feine Note.

Mehr Kohlköpfe als in Dithmarschen wachsen nirgendwo in Europa. Jedes Jahr veranstalten die Dithmarscher ihre Kohltage, eine fröhliche Festwoche mit kreativen Kohl-Gerichten (www.kohltage-dithmarschen.de).

Grünkohl ist vor allem an der ostfriesischen Küste populär, zusammen mit Pinkel und anderen fetten Zutaten serviert, ist er ein klassischer Winterschmaus, der vielerorts als gesellige Gruppenveranstaltung mit hochprozentigen Begleitgetränken zelebriert wird › auch Special S. 108 f.

Echt gut!

Gasthöfe mit Tradition

- Traditionelle ostfriesische Kost und gutes Bier kredenzt die **Alte Brauerei Pilsum** › S. 45 auf der Krummhörn, nicht weit von Greetsiel.
- Vom **Café Marienhöhe**, einem traditionsbewussten Familienbetrieb an der Strandpromenade von Norderney, schaut man wie schon der Dichter Heinrich Heine auf den Badebetrieb am Strand › S. 63.
- Im Museumshafen von Bremerhaven liegt die Viermastbark **Seute Deern** vor Anker, hier tafelt man hervorragend im originellen Schiffsambiente › S. 88.
- Fischbrötchen und den hausgemachten Eiergrog muss man in der **Schankwirtschaft Wilhelm Andresen** bei Tönning probieren › S. 106.
- Im **Strandrestaurant Sansibar** – der »Bretterbude« mit Meerblick in den Rantumer Dünen – trifft man die Prominenz auf Sylt › S. 135.
- Purer Genuss sind der schöne Garten mit Wattenmeerblick und die sagenhaften Torten der **Kupferkanne** in Kampen auf Sylt › S. 138.

Unterwegs an der Nordseeküste und auf den Inseln

Entdecken Sie die einzelnen Reiseregionen – jeweils mit den schönsten Touren, allem Sehens- und Erlebenswerten, Hotel-, Restaurant- und Shoppingtipps

Ostfriesland rund um die Emsmündung

Nicht verpassen!

- In Papenburg den Bau von Riesen-Luxuslinern bestaunen
- In »Dat Otto Huus« in Emden über Ottos verrückte Einfälle schmunzeln
- Einem Konzert auf der Arp-Schnitger-Orgel in der Georgskirche von Weener lauschen
- Auf Borkum den Weitblick vom Neuen Leuchtturm genießen

Zur Orientierung

Auf der unteren Ems fahren meist Freizeitboote und Binnenschiffe, aber zwei bis drei Mal im Jahr – man glaubt, seinen Augen nicht zu trauen – auch ein riesiges Kreuzfahrtschiff, das von der Meyer Werft in Papenburg seinen Weg zum Meer nimmt. Nördlich der einstigen Moorkolonie Papenburg beginnt Ostfriesland. Links der Ems, im ebenen Rheiderland, das sich die Menschen Stück für Stück von der Bucht des Dollarts zurückerobert haben, liegt als einzige Stadt Weener mit schönem Sporthafen und dem Organeum als Zentrum der Orgelkultur. Auf der rechten Seite der Ems in der Kreis- und Hafenstadt Leer ist das Herz der Ostfriesentee-Produktion.

Nahe der Emsmündung liegt die Industrie- und Hafenstadt Emden, die sich mit der modernen Kunsthalle auch als Kunststadt einen Namen gemacht hat. Vom Emder Hafen starten nicht nur Handelsschiffe, sondern auch die Fähren zur größten Ostfriesischen Insel Borkum.

Die Krummhörn, die flache grüne Landschaft nördlich der Emsmündung, ist heute durch einen gewaltigen Seedeich geschützt. Ihre uralten Dörfer auf künstlichen Hügeln erinnern an die jahrhundertelange Bedrohung durch Sturmfluten. Die wertvollen Orgeln in vielen alten Kirchen zeugen vom Reichtum der hiesigen Bauern. Greetsiel an der Leybucht ist ein Fischerdorf, wie es im Bilderbuch steht.

Idyllisches Landschaftsbild in der Krummhörn

Tour in der Region

Von der Ems bis Krummhörn

③ Papenburg › Weener › Leer › Gandersum › Emden › Krummhörn-Dörfer › Greetsiel

Länge: rund 100 km
Dauer: 2 Tage
Praktische Hinweise: Eine Auto- oder Radtour, die überwiegend auf stillen ebenen Nebenstraßen verläuft. Zwischen Weener und Leer empfiehlt sich für Radler die beschauliche Strecke entlang der Ems, während die Autofahrer die B436 benutzen.

Erste Station ist die **Meyer Werft** in *Papenburg* › S. 40. Werksbesichtigungen sind frühzeitig anzumelden. Danach verdient die Stadt mit ihren Kanälen einen Rundgang mit Stationen am Rathaus und im »Zeitspeicher« – ein multimediales Geschichtsmuseum. Musikfreunde werden in **Weener** › S. 41 das Organeum

Ostfriesland
0
10 km
N
Norderney
Baltrum
Nationalpark Nieder-
Juist
Memmert
Borkum
Leybucht
Norddeich
Norden
Neßmersiel
Hagermarsch
Dornum
Hage
Arle
Lütetsburg
Großheide
Tief
Norder
Marienhafe
Rechtsupweg
Brookmerland
Upgant-Schott
Moorhusen
Greetsiel
Pilsum
Wirdum
Südbrookmerland
Moordorf
Eilsum
Krummhörn
Uttum
Groothusen
Pewsum
Großes Meer
Ems
Ost-
Campen
Hinte
Suurhusen
Ihlow
Loquard
Knockster Tief
Riepe
Rysum
Emden
Simonswolde
Seebrücke Knock
Knock
Petkum
Gandersum
Oldersum
Pogum
Ditzum
Emssperrwerk
Eemshaven
Uithuizen
Zijldijk
Bierum
Loppersum
Delfzijl
Appingedam
Termunten
Dollart
Ten Boer
Jemgum
Leer
Slochteren
Finsterwolde
Noordbroek
Bunde
Beerta
Weener
Scheemda
Hoogezand-Sappemeer
Winschoten
Wymeer
Stapelmoor
Bellingwedde
Veendam
Nieuwe Pekela
Oude Pekela
Papenburg
Aschendorf
Vlagtwedde
A 7
31
72
210
280
436

—③— **Von der Ems bis Krummhörn** Papenburg › Weener › Leer › Gandersum › Emden › Krummhörn-Dörfer › Greetsiel

—④— **Von Norddeich bis Jever** Norddeich › Norden › Neßmersiel › Dornumersiel › Bensersiel › Esens › Neuharlingersiel › Harlesiel › Carolinensiel › Schillig › Jever

—⑤— **Inseltouren auf Juist und Norderney**
Juist: Norddeich › Flugplatz Juist › Ortskern Juist › Hammersee › Domäne Loog › Hafen Juist › Norddeich
Norderney: Norddeich › Hafen Norderney › Kurviertel › Leuchtturm › Strandpromenade › Hafen Norderney › Norddeich

—⑥— **Auf Zeitreise in Carolinensiel und auf Wangerooge** Carolinensiel › Hafen Harlesiel › Carolinensiel; Flugplatz Harle › Flugplatz Wangerooge › Alter Leuchtturm › Westturm › Café Neudeich › Bahnhof › Westanleger › Hafen Harlesiel besuchen, Sportboot-Fans eine Pause an der Marina einlegen.

Vom linken Ufer der Ems wechselt man in ***Leer** › S. 42 zum rechten und bummelt am Hafen entlang und durch die Gassen der einstigen Stadt friesischer Häuptlinge. In der Hochburg des Ostfriesen-Tees sollte eine Teepause nicht fehlen; im Teemuseum kann man das ostfriesische Ritual des Teetrinkens lernen.

Flussabwärts lohnt das ***Sperrwerk Gandersum** › S. 43 einen Stopp. Sobald man die weite Wasserfläche des Dollarts erblickt, hat man kurz darauf ***Emden** › S. 43 erreicht. Hier verbringt man die Nacht, so bleibt genügend Zeit für einen Stadtrundgang und den Besuch der berühmten Kunsthalle.

Wer in der Region **Krummhörn** › S. 44 dem Meer ganz nahe sein will, macht einen Abstecher zur Knock, die Landschaft direkt an der Emsmündung. In der Krummhörn reihen sich die alten Warfendörfer Rysum, Loquard, Campen und Groothusen wie Perlen auf einer Schnur. Pewsum ist mit seinem Museum in der friesischen Manningaburg einen Abstecher wert, und für den markanten gelb-roten Leuchtturm von Pilsum macht man noch eine kleine Kurve zum Seedeich, dann ist bald das Bilderbuch-Hafenstädtchen ***Greetsiel** › S. 45 und das Ende der Tour erreicht.

Unterwegs in der Region

*Papenburg 1

Der Backsteinbau der einstigen Ölmühle bietet einen stilvollen Rahmen für den **Zeitspeicher**. Das interaktive Museum macht die Geschichte Papenburgs, der längsten Fehnkolonie Deutschlands, multimedial erlebbar (in der Saison Mo–Sa 9–17, So 9 bis 14 Uhr). Unsagbar mühevoll war es, die vielen Entwässerungskanäle (Fehne) auszuheben, um das Moor in Ackerland zu verwandeln. Heute ankern in den Fehnen nachgebaute **Museumssegler**, Ausflugsboote tuckern auf 40 Kanal-Kilometern durch die blumengeschmückte Stadt. In der Saison dient die schöne **Brigg Friederike** im Hauptkanal vor dem neubarocken **Rathaus** als Touristen-Information.

1 **Meyer Werft

Berühmt ist Papenburg für den Schiffbau der Meyer Werft. Das nunmehr in der sechsten Generation erfolgreiche Familienunternehmen produziert mit 2500 Mitarbeitern in den riesigen Baudockhallen – die zu den größten überdachten Trockendocks der Welt gehören – Spezialschiffe wie Gastanker, Autofähren, RoRo- und Containerschiffe, vor allem jedoch Kreuzfahrtschiffe für bekannte internationale Auftraggeber wie AIDA Cruises, Celebrity Cruises und Disney Cruise Lines. Drei große Luxusliner verlassen die Werft im Jahr, wobei das Kunststück darin besteht, die riesigen Schiffe aufs offene Meer zu entlassen: Die Tide muss stimmen, die Ems wird eigens dafür am Sperrwerk Gandersum aufgestaut. Tausende Schaulustige verfolgen am Flussufer das spannende Schauspiel, wie ein Passagierschiff mit Aufbauten im Hochhausformat durch die grüne Ebene zieht.

Echt gut! **Führungen auf der Meyer Werft** für Einzelpersonen – Tickets bei der Touristeninformation reservieren (Führungen auch per Onlinebuchung über Papenburg Tourismus möglich. Details: www.meyerwerft.de).

Info

Papenburg Tourismus
Ölmühlenweg 21][26871 Papenburg
Tel. 0 49 61/83 96-0
www.papenburg-tourismus.de

Hotels

Alte Werft
Ölmühlenweg 1][Tel. 0 49 61/9 20-0
www.hotel-alte-werft.de
Komfortables Hotel mit nostalgischem Flair, das in die alte Maschinenhalle der Meyer Werft integriert ist. ●●●

Altes Gasthaus Kuhr
Hauptkanal rechts 62
Tel. 0 49 61/6 64 30
www.kuhr-hotel.de
Gemütliches Haus mit Gastwirtschaft in der ruhigen Fußgängerzone. ●●

Das Papenburger Rathaus und die Brigg »Friederike«

Restaurant

Café Mozart
Hauptkanal links 56
Tel. 0 49 61/68 38
www.cafemozart-papenburg.de
Historisches Café am Kanal, Fischgerichte, Kaffee und Kuchen auf der Sonnenterrasse. ●–●●

Weener 2

Der hübsche alte **Hafen** liegt ein wenig abseits der Ems, er dient heute mehr oder weniger als Dekor für die schmucken Häuser im Stadtzentrum. Der neue Sportboothafen ist ein sicherer Dockhafen, der viele Bootsfreunde hierher lockt. International bekannt ist der mittelalterliche Ort durch das **Organeum**, eine Institution zur Pflege von Orgelspiel und -forschung, die in einer prachtvollen Gründerzeit-Villa im Tudorstil untergebracht ist (Norderstr. 18, Di–Fr 10–12, Di bis Do 15–17 Uhr). Echt gut!

Info

Tourist-Information
Osterstr. 1][26826 Weener
Tel. 0 49 51/30 55 00
www.weener.de

Restaurant

Klabautermann
Am Sportboothafen 1
Tel. 0 49 51/95 51 53
www.klabautermann-weener.de
Fischspezialitäten und ostfriesische Küche in rustikalem Ambiente. ●–●●

*Leer 3

Friesische Häuptlinge *(hovetlinge)*, die im 14./15. Jh. neben dem Adel als eigener Stand erstarkten, bauten ihre Burgen verkehrsgünstig an der Mündung der Leda in die Ems. Leer wurde das Tor Ostfrieslands, heute ist die Stadt Zentrum des Teehandels. Im malerischen Hafen findet alljährlich im Juli das **Internationale Tourenskipper-Treffen** statt. Die verwinkelte Altstadt und ihre Bürgerhäuser des 17.–19. Jhs. laden zum Bummel rund um das prächtige **Rathaus** ein. Trubel herrscht im Oktober auf dem **Gallimarkt**, der die Tradition des alten Leeraner Viehmarkts fortsetzt.

Das traditionsreiche Teehandelshaus Bünting hat ein **Teemuseum** eingerichtet, das anschaulich alles Wissenswerte über Tee und die ostfriesische Teekultur zusammengestellt hat, einschließlich einer Tee-Akademie (Brunnenstr. 33, Mo–Sa 10–18, So 14 bis 17 Uhr, www.buenting-teemuseum.de).

Info

Tourist-Information
Ledastr. 10][26789 Leer
Tel. 04 91/91 96 96 70
www.leer.de
www.leer-altstadt.de

Hotel

Am Markt
Mühlenstr. 36–38
Tel. 04 91/9 99 26 30
www.hotel-cafe-am-markt.de
Modernes Haus mit Restaurant in der Fußgängerzone am Freizeitkanal. ●●

Ostfriesische Teezeremonie

Der Durchschnitts-Ostfriese verbraucht jährlich 3,5 kg schwarzen Tee, ostfriesische Mischung, versteht sich. Enge Bande zu niederländischen Ostindienfahrern ließen den Tee im 18. Jh. zum Volksgetränk werden. Bevor der Tee eingeschenkt wird, legt man ein Kluntje (großes Stück Kandiszucker) in die Tasse; es knistert geheimnisvoll, wenn der Tee darauf gegossen wird. Nicht umrühren! Mit einem besonderen Löffelchen gibt man vorsichtig ein Wulkje (Wölkchen) Sahne dazu, das sich kunstvoll im Tee verteilt. Nicht umrühren! Hat man ausgetrunken, gießt die Hausfrau Tee nach (das Kluntje löst sich erst nach mehrmaligem Nachschenken vollständig auf) und man gönnt sich ein neues Wulkje. Und wozu ist der Teelöffel da? Den stellt man in die Tasse, um der Gastgeberin anzudeuten, dass sie nicht weiter nachschenken soll.

Karte Seite 38

*Sperrwerk Gandersum 4

Sturmfluten sind in den letzten Jahren an der Nordseeküste immer höher aufgelaufen. Anstatt wie früher die Flussdeiche im Hinterland zu erhöhen, wird das Eindringen der Fluten nun durch das Sperrwerk bei Gandersum ausgebremst. Es reguliert auch den Wasserstand emsaufwärts und macht eine künstliche weitere Emsvertiefung für die Schiffe der Meyer Werft überflüssig (öffentl. Führungen Mitte Mai–Ende Sept. Sa 15 Uhr). Lohnenswert sind die

cht gut!

Schiffstouren ab Leer zum Ems-Sperrwerk und nach Ditzum.

Info

Touristik GmbH Südl. Ostfriesland
26789 Leer][Tel. 04 91/91 96 96 10
www.suedliches-ostfriesland.de

*Emden 5

Der Zweite Weltkrieg hat Emden schwer heimgesucht, aber der schöne **Ratsdelft,** das alte Hafenbecken vor der Fassade des **Alten Rathauses,** macht mit historischen Schiffen die große Vergangenheit der 1200-jährigen Hafenstadt lebendig. Alljährlich im Mai treffen sich hier Traditionsschiffe zu den **Emder Matjestagen**. Jenseits des Festungsgürtels steuert noch die alte **Kesselschleuse** den Bootsverkehr auf vier Kanalarmen. Vom großen Hafen im Süden der Stadt legen Fähren nach Borkum ab sowie die riesigen Auto-Spezialtransporter des VW-Werks. Emden ist auch das kulturelle Zentrum Ostfrieslands.

2 Die ****Kunsthalle** zeigt u.a. Neue Sachlichkeit und Expressionismus der Sammlungen Henri Nannen und Otto van de Loo (Hinter dem Rahmen 13, www.kunsthalle-emden.de, Di–Fr 10–17, Sa, So, Fei 11–17 Uhr, 1. Di im Monat 10–21 Uhr. Bei Ausstellungswechsel teilweise geschlossen).

Die **Johannes-a-Lasco-Bibliothek** von 1559 besitzt wertvollen Buchbestand, vor allem über den reformierten Protestantismus und die Geschichte Ostfrieslands (Kirchstr. 22; So–Fr 14–17 Uhr, Ausnahmen siehe: www.jalb.de). Das **Ostfriesische Landesmuseum** (Altes Rathaus, Di–So 10 bis 18 Uhr) zeigt u.a. Bürgerwehrrüstungen des 16.–18. Jhs.

Ganz anders **Dat Otto Huus** des Komikers Otto Waalkes, es bringt die Besucher ottogemäß zum Schmunzeln (Große Str. 1, www.otto-waalkes.com, April bis Okt. Mo–Fr 9.30–18, Sa 9.30–14, So 10–16 Uhr).

Info

Verkehrsverein
Alter Markt 2 a (Pavillon)
26721 Emden][Tel. 0 49 21/9 74 00
www.emden-touristik.de

Hotels

■ **Heerens Hotel**
Friedrich-Ebert-Str. 67
Tel. 0 49 21/2 37 40
www.heerenshotel.de

Zentral gelegener Gründerzeit-Bau mit 3-Sterne-Komfort und guter Küche. ●●–●●●

■ **Upstalsboom Parkhotel**
Friedrich-Ebert-Straße 73
Tel. 0 49 21/82 8-0
www.upstalsboom.de
Modernes Stadthotel mit Ferienambiente und 4-Sterne-Komfort im Stadtzentrum. ●●●

Restaurants

Hafenhaus Emden
Promenade am alten Binnenhafen 8
Tel. 0 49 21/6 89 56 90

Die Dollard-Route – Radeln ohne Grenzen

Im Land an der unteren Ems und südlich der Bucht des Dollart (niederländisch Dollard) ist seit 1996 ein 180 km langer, grenzüberschreitender Radwanderweg ausgeschildert.

Die Bucht entstand erst 1362 durch die verheerende Marcellusflut, die über 20 km tief in das flache Festland eindrang. Etwa die Hälfte des damals verloren gegangenen Landes wurde dem Meer wieder abgerungen. Der restliche Dollart bleibt als wertvolles Naturschutzgebiet der Brackwasserzone bestehen – hier mischen sich Fluss- und Nordseewasser.

Ein ausführliches Routenheft erläutert die Geschichte, Fauna und Flora der Dollart-Region (**Internationale Dollard-Route e.V.**, Leer, Tel. 04 91/ 91 96 96 50; www.dollard-route.de).

Cooles Ambiente mit Blick auf historische Hafenkulisse, tgl. ab 9 Uhr. ●–●●

■ **Alt-Emder-Bürgerhaus**
Friedrich-Ebert-Str. 33
Tel. 0 49 21/9 76 10
Gutes Fischrestaurant im zentral gelegenen traditionsreichen Hotel Emden. ●●

Krummhörn

In der Krummhörn, dem Küstenland zwischen Dollart und Leybucht, begegnen sich Moderne und Mittelalter: In der **Knock**, das Land an der Emsmündung, baute man ein wichtiges Schöpfwerk, nördlich an der Küste ließ die Erdgasleitung aus dem norwegischen Ekofisk-Feld Industrieanlagen entstehen, hinterm Deich bei **Campen** **6** tummeln sich Urlauber an einem künstlich aufgefahrenen Trockenstrand.

Ein, zwei Kilometer weiter landeinwärts findet man wahre Prachtexemplare mittelalterlicher Warfendörfer. Um sich vor Überschwemmungen zu schützen, bauten die Bewohner damals ihr Dorf auf einem künstlichen Hügel, oben in der Mitte die Kirche und im Kreis darum die Höfe. Welches ist wohl das schönste? Da wetteifern Rysum – mit einer Orgel von 1457, der ältesten erhaltenen Nordeuropas –, ferner Loquard und Pilsum mit Pewsum, dort ist zusätzlich das Wasserschloss **Manningaburg** zu besichtigen (Museum in der Burg: Mai bis Okt. Di, Do 10–12.30 und 15–17 Uhr, Sa, So 15–17 Uhr).

Der bullige, gelb-rot gestreifte Pilsumer **Leuchtturm** fällt auf dem Weg von Pilsum nach Greetsiel ins Auge; er gehört zu den Leuchttürmen, in denen man sich das Ja-Wort geben kann.

*Greetsiel 7

Der Hauptort der Krummhörn mit seinem 600 Jahre alten Hafen, malerischen Gassen und zwei markanten **Windmühlen** ist ein echtes Bilderbuchstädtchen. Die **historischen Giebelhäuser** aus dem 17. Jh. und die farbenfrohe **Krabbenkutterflotte** sind beliebte Fotomotive. Täglich strömen Tausende Besucher hierher. Dementsprechend groß ist das Angebot an Restaurants, Teestuben und Cafés. Auch Kinder finden hier ihren Spaß, ihnen bieten das Lükko-Leuchtturm-Kinderhaus und der Abenteuerspielplatz spannende Aktivitäten.

Hier beginnt der **Nationalpark Niedersächsisches Wattenmeer**. Im Nationalparkhaus Greetsiel (Schatthauser Weg 6, April–Okt. Mo–Fr 10–18, Sa, So 11–17.30, sonst Di–So 11–16.30 Uhr) wird erklärt, wie schwierig es ist, Entwässerung, Sturmflutschutz und die Bewahrung von Flora und Fauna in der **Leybucht** unter einen Hut zu bringen.

Info

Touristik GmbH
Hauener Hooge 11
26736 Greetsiel
Tel. 0 49 26/9 18 80
www.greetsiel.de
www.krummhoern.de

Zwillingsmühlen von Greetsiel

Hotel

Witthus
Kattrepel 7–9][Tel. 0 49 26/92 00-0
www.witthus.de
Im historischen Ortskern mit Kunstgalerie, Teestube und Restaurant, Spezialitäten: Fisch, Krabben und Matjes-Heringe. ●●●

Restaurants

■ **Alte Brauerei**
Pilsum][An der Alten Brauerei 2
Tel. 0 49 26/91 29 15
Lokale Spezialitäten in einem Haus von 1675. ●–●● Echt gut!

■ **Fischerhus**
Greetsiel][Sielstr. 5
Tel. 0 49 26/3 19
Gemütliches Ambiente, Terrasse und Blick auf den Kutterhafen, Krabbenspezialitäten. ●–●●

*Insel Borkum 8

Die mit 36 km² größte und westlichste der Ostfriesischen Inseln liegt mit gut 2 Stunden Fahrzeit ab Emden am weitesten vom Festland entfernt, ist aber am leichtesten erreichbar, unabhängig von

Das Feuerschiff Borkumriff

Ebbe und Flut pendeln die Fähren zwischen Emden und der Insel sowie vom näher gelegenen niederländischen Eemshaven.

Borkum ist ein bisschen Stadt, ein bisschen Dorf, hat viele Strände und hervorragende Wander-, Reit- und Radwege durch Dünen, Weiden, Salzwiesen und Wäldchen. Die Insel entwickelte sich nach der Blütezeit des Walfangs im 18. Jh. um 1850 zum Seebad und ist heute anerkanntes Heilbad, das sich durch ein besonders pollenarmes, jodhaltiges Hochseeklima auszeichnet. Auf die gut 5000 Einwohner in der Stadt Borkum kommen 18 000 Gästebetten.

Hafen A

Bevor die Fähre anlegt, passiert man den großen **Burkana-Hafen**, hier leuchtet rot das ***Feuerschiff Borkumriff**, in dem das Nationalparkzentrum untergebracht ist (Im Neuen Hafen, Borkum, Tel. 0 49 22/20 30, www.feuerschiff-borkumriff.de).

Von der Fähre steigt man in die nostalgische **Inselbahn** um und legt eine 7,5 km lange Fahrt durch Wiesen- und Dünen zum Bahnhof im Westland zurück. Im Zentrum des Badeorts ist das Autofahren nur im Schritttempo gestattet. Der **Neue Leuchtturm** von 1879, der auf einer begrünten Düne thront, eröffnet nach 308 Stufen einen fantastischen Rundblick aus über 60 m Höhe.

Die **Borkumer Kleinbahn** setzt an manchen Tagen ihre beliebte Dampflok mit Nostalgiewagen ein (Tel. 0 49 22/30 90, www.borkumer-kleinbahn.de). Echt gut

Strand Nordbad B

Ein Schmuckstück mit herrlicher Aussicht ist die über 6 km lange **Strandpromenade**. Man schaut hinunter auf den Strandabschnitt **Nordbad** mit den bunt gestreiften Strandzelten und Strandkörben. Nördlich schließt sich das Quartier der Surfer an, und dahinter ist reichlich Platz für die Strandsegler. Der Rand der sog. Sandplate ganz weit draußen ist den Seehunden vorbehalten, er gehört zur Ruhezone des Wattenmeer-Nationalparks und darf nicht betreten werden. Auf den Dünen im Nordwesten der Promenade stehen die hölzernen Seezeichen **Kleiner Kaap** und **Großer Kaap**, sie helfen Strandwanderern, sich zu orientieren.

Borkum Kurviertel C

Südlich der Flaniermeile Bismarckstraße besitzt das Kurviertel als modernes Highlight die im

Jahr 2005 eröffnete 8000 ha große Wasser- und Wellness-Erlebnislandschaft **Gezeitenland**. Hier gibt es alles, was Groß und Klein zum Kur- oder Badeurlaub brauchen: Riesenrutsche und Massagebank, Rasulbad und Meersalzgrotte, Beauty-Behandlungen, sogar Indoorsurfen auf der Welle für Anfänger und Könner (www.gezeitenland.de). Nördlich der Fußgängerzone erstreckt sich die Bäderstadt mit ihren teils gründerzeitlichen, teils modernen Hotels und Kurkliniken.

cht gut!

Borkum ist nahezu barrierefrei, von den Bürgersteigen bis zum Strandzugang. Menschen mit Handicap finden spezielle Parkplätze und Strandkörbe sowie am Strand und im Ort Toiletten vor.

Das Altdorf D

Im Altdorf beginnt eine andere Welt: verwinkelte Gassen, Bäume und Vorgärten vor niedrigen Häusern, zwischen denen mehrstöckige Gebäude wie das Rathaus bereits auffallen. Vom **Rathaus** ostwärts in der W.-Bakker-Straße ist ein verwitterter Gartenzaun aus Wal-Kinnladen zu sehen. Auf dem kleinen Friedhof erzeugen die mit steinernen Totenköpfen verzierten **Walfängergräber** eine leichte Gänsehaut. Nebenan erhebt sich der gewaltige backstei-

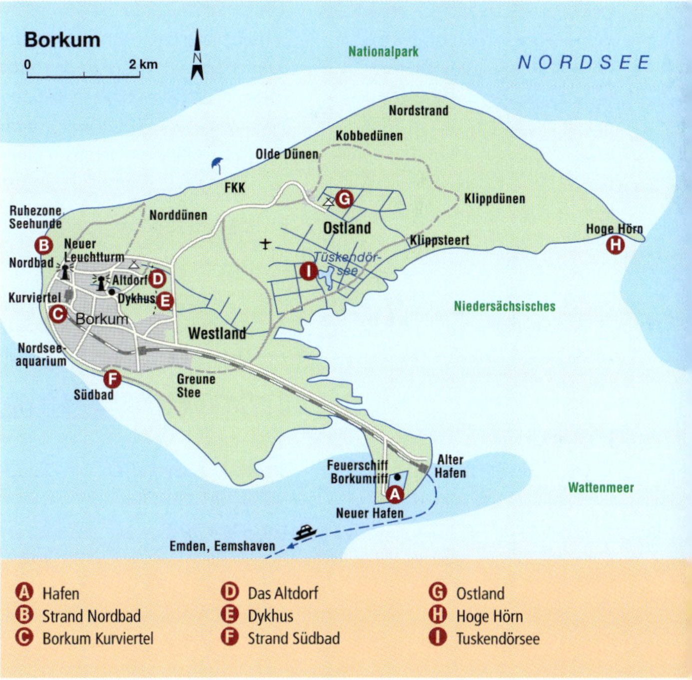

A Hafen
B Strand Nordbad
C Borkum Kurviertel
D Das Altdorf
E Dykhus
F Strand Südbad
G Ostland
H Hoge Hörn
I Tuskendörsee

nerne **Alte Leuchtturm** auf der Kirchwarft. Hier stand Borkums alte Kirche, deren Turm als Tagesseezeichen Schiffen ab 1576 den Weg wies. Ab 1817 wurde er befeuert (die Kirche war längst abgebrochen) und 60 Jahre später durch den **Neuen Leuchtturm** ersetzt. Vom »Ollen Baas«, wie der alte Turm genannt wird, hat man Aussicht aus 43 m Höhe. Man kann man sich hier trauen lassen.

Echt gut!

Die originellsten Fahrzeuge im Nordseeland

- **Inselbahnen Borkum und Langeoog**: Umsteigen von der Fähre in die Inselbahn: Sie fährt im Rhythmus der Fähren und als Nostalgie-Bahn-Angebot › S. 46; Langeoog › S. 68.
- **Museums-Pferdebahn Spiekeroog**: Gemächlich mit Pferd und Wagen gelangt man in den »Wilden Westen« Spiekeroogs › S. 74.
- **Bahn auf Wangerooge**: Mitten durch ein Naturreservat zuckelt die Bahn durch den Südwesten der Insel › S. 77.
- **Kutschfahrt über das Watt**: Wie anno dazumal klappert in Cuxhaven eine hochrädrige Pferdekutsche die 12 km über das Watt zur Insel Neuwerk › S. 90.
- **Per Lorenbahn auf die Hallig**: Feriengäste der Halligen Nordstrandischmoor › S. 119 und Oland-Langeneß › S. 122 genießen das Privileg, mit den privaten Lorenbahnen über das Watt anzureisen.
- **Segway auf Sylt**: Mit dem geräuschlos auf glatten und sandigen Wegen gleitenden Segway-Elektro-Stehroller kann man Sylt schnell und bequem erkunden. Für den Rundkurs benötigt man ca. 2,5 Std. › S. 132.

Dykhus E

Dörflich wirkt das Gulfhaus, in dem seit 1960 das Heimatmuseum Dykhus untergebracht ist. Da der Walfang ein wichtiger Erwerbszweig auf Borkum war, ist dort auch das Skelett eines gestrandeten Pottwals ausgestellt (Roelof-Gerritz-Meyer-Str. 13, Di bis So 10–17 Uhr).

Strand Südbad F

Am Südende der Promenade bietet der Strand Südbad stadtnahes Badevergnügen. Hier ist die Küste mit Buhnen versehen, um den kostbaren Sand zu halten. Meerestiere aus nächster Nähe zeigt das kleine **Nordseeaquarium** (Ecke Promenade/Von-Frese-Str., www.nordseeaquarium-borkum.de, März–Okt. Di–Sa 10–12, 14 bis 17 Uhr).

Info

Tourist-Information Borkum
Georg-Schütte-Platz 5
26757 Borkum][Tel. 0 49 22/93 30
www.borkum.de

Anreise

- **AG Ems**
Emden-Außenhafen
Tel. 01 80/5 18 01 82
www.ag-ems.de
betreibt folgende Linien:
Autofähre ab Emden: Fahrzeit ca. 2 Std. 15 Min., 2- bis 3-mal tgl.;
Katamaran ab Emden: Fahrzeit 60 Min., Mai–Okt. mind. 3-mal tgl.;

Autofähre ab Eemshaven: Fahrzeit 50 Min., ganzjährig 1- bis 9-mal tgl.; **Katamaran ab Eemshaven:** Fahrzeit 25 Min., Mai–Nov. Fr 20.15 Uhr.

■ **Langzeitparkplätze** gibt es in Emden und Eemshaven Nähe Fähranleger.

■ **OFD Ostfriesischer Flug-Dienst**
Tel. 0 49 21/8 99 20
www.fliegofd.de
Flüge ab Emden.

Hotels

■ **Haus am Park**
Bahnhofstr. 5][Tel. 0 49 22/93 06-0
www.haus-am-park-borkum.de
Kleines, feines 4-Sterne-Hotel mit 9 Zimmern in der Altstadt. ●●

■ **Aparthotel Kachelot**
Goethestr. 18][Tel. 0 49 22/3 04-0
www.kachelot-borkum.de
Familienfreundliches 3-Sterne-Hotel mit Spielzimmer, Babysitter möglich; 200 m zum Strand. ●●

■ **Domizil**
Westerstr. 15][Tel. 01 72/5 61 96 18
www.borkum-insel.de
Gut ausgestattete Ferienwohnungen in der Kurzone. ●●

Restaurants

■ **Kleine Möwe**
Kirchstr. 31][Tel. 0 49 22/21 77
Restaurant am Rand des Altdorfs. Feine Gerichte, auch aus Biofleisch, und herzhafte Vollwertkost. ●–●●

■ **Matrix Lounge**
Bürgermeister-Kieviet-Promenade
Tel. 0 49 22/9 23 98 30
www.matrix-borkum.de
Auf der Strandpromenade mit Sonnenterrasse und Meerblick; guter Platz, um die prächtigen Sonnenuntergänge zu genießen. ●–●●

Ausflug nach Ostland G

Außerhalb der Stadt kann man die Insel auf rund 130 km gut gekennzeichneten Wander-, Reit- und Radwegen erkunden. Man kann z. B. auf dem **Wiesenweg** im Westland **den alten Upholmdeich von 1600 abwandern** (siehe Inselplan der Tourist-Information). Der **Dünenweg** schlängelt sich durch feuchte Dünentäler, kurvt um Graudünen und verleitet zum Aufstieg auf Aussichtsdünen.

Echt gut!

Ostland ist wegen der beiden Bauernhöfe ein beliebtes Ausflugsziel.

Restaurants

■ **Bauernstuben**
Ostland 3][Tel. 0 49 22/35 04
Bürgerlicher Mittagstisch, selbst gebackene Ostfriesentorte. ●–●●

■ **Café Ostland**
Ostland 4][Tel. 0 49 22/22 02
Ostfriesische Gerichte, hausgemachte Kuchen. ●–●●

Ausflug in den Insel-Osten

Wer Ruhe sucht, ist auf dem 10 km langen Strandwanderweg entlang der Nordküste richtig, der bis zur Landspitze **Hoge Hörn** H im Osten führt. Auf dem **Deich-** und **Salzwiesenweg** im Süden der Insel durchquert man die Nationalpark-Ruhezone der Salzwiesen, ein Dorado für Vogelbeobachter besonders im Umkreis vom **Tüskendörsee** I.

Der Waldweg schlängelt sich durch das singvogelreiche sumpfige Wäldchen **Greune Stee**.

Special

UNESCO-Weltnaturerbe Wattenmeer

Nirgendwo auf der Erde ist das Wattenmeer so riesig wie vor der Nordseeküste: 9000 km² Fläche, über 450 km lang und bis zu 40 km breit. Seit 2009 gehören das niederländische und das deutsche Wattenmeer, zukünftig auch das dänische, zum UNESCO-Weltnaturerbe.

Mikrokosmos am Nordseerand

Täglich das gleiche Schauspiel von Ebbe und Flut – und doch immer wieder spannend. Zwei Mal am Tag wird das Watt für knapp 6 ¼ Stunden überflutet, dann zieht sich das Meer für die gleiche Zeitspanne wieder zurück und hinterlässt eine reich bevölkerte amphibische Landschaft aus Sand und Schlick, der jeden Schritt schmatzen lässt. Der Boden ist schmierig und glitschig, aber das scheint Wattwanderer nicht zu stören, viel zu interessant ist das, was es zu sehen und zu rätseln gibt, eigenartige Löcher, spagettiähnliche Sandhäufchen, merkwürdige Spuren, zuweilen leider auch scharfkantige Muscheln unter der blauschwarzen Schlickschicht, die das Barfußlaufen verleiden.

Das Watt ist ein unglaublich dynamischer Lebens- und Wohnraum für Millionen von Klein- und Kleinstlebewesen wie die Schlickkrebse, Wattschnecken, Wattwürmer und Herz- und Sandklaffmuscheln, die knapp unter der Oberfläche leben.

Hunderttausende Vögel wissen diesen reich gedeckten Tisch zu schätzen. Sie warten nur darauf, bis sich das Wasser zurückzieht, um dann mit ihren langen Schnäbeln den Schlick nach Leckerbissen abzusuchen, unter ihnen »Spezialisten« wie der Austernfischer, ferner Säbelschnäbler, viele Möwenarten, diverse Seeschwalben und Strandläufer. Zu ihnen gesellen sich zahlreiche Enten und Gänse wie Eiderente oder Brandgans sowie im Frühjahr und Herbst Millionen von Zugvögeln, wie Ringelgänse, die sich hier für ihre Weiterreise stärken.

Auf den Sandbänken entlang der Fahrrinnen der Fährschiffe aalen sich Seehunde. Ihre Neugeborenen müssen schon mit Einsetzen der nächsten Flut schwimmen können, sie werden dabei oft von der Mutter getrennt und müssen als »Heuler« früh ums Überleben kämpfen.

Watt-Wissen, gut verankert

Das Watt erleben kann man auch schon an Land in rund drei Dutzend Info- und Besucherzentren der drei Wattenmeer-Nationalparks Niedersachsen, Hamburg und Schleswig-Holstein (www.nationalpark-wattenmeer.de) sowie in weiteren Infostationen, so u. a. im **Multimar Wattforum** in **Tönning** › S. 105 und in der **Seehundstation Friedrichskoog**. Die Besucherzentren vermitteln Watt-Wissen in spannenden Programmen und Führungen.

Adressen und Weblinks aller Infozentren so wie Veranstaltungstipps und Hinweise zu Wattwanderungen gibt es auf der Internetseite von Weltnaturerbe Wattenmeer (www.wattenmeer-weltnaturerbe.de).

Spannende Wattwanderungen

Geführte Wattwanderungen sind die intensivste Art, diese einzigartige Biosphäre kennenzulernen. Wattwanderungen und -exkursionen (hier steht mehr naturkundliches Wissen im Vordergrund) bieten die Besucherzentren der Nationalparks sowie lizenzierte private Wattführer in fast allen Küsten- und Inselorten an. Auskunft erteilen die Kurverwaltungen an der Nordsee.

Übersicht zu Wattführern und Ausflügen in Schleswig-Holstein: www.nationalpark-partner-sh.de/natur-und-erlebnis/wattfuehrerinnen und in Niedersachsen: www.nationalpark-fuehrungen.de.

! Was man auf keinen Fall tun sollte: Niemals allein und ohne Uhr ins offene Watt gehen und erst recht nicht, ohne zu wissen, wann die nächste Flut kommt. Schon mancher ist vom rasch auflaufenden Wasser böse überrascht worden.

Ostfrieslands Küste und Inseln

Nicht verpassen!

- Tee trinken auf Ostfriesenart im Teemuseum Norden
- Im Kurhaus auf Juist einen Kaffee auf der Sonnenterrasse genießen
- In einem der Küstenhäfen mit einem Krabbenkutter in See stechen
- Auf Baltrums Gezeitenpfad die Geheimnisse von Ebbe und Flut ergründen
- Mit Spiekeroogs Museums-Pferdebahn in den »wilden Westen« gelangen

Zur Orientierung

Nicht nur des Seeblicks wegen ist es reizvoll, immer hübsch an der Küste entlangzufahren und die kleinen Siel- und Fährhäfen zwischen Norddeich und Harlesiel anzusteuern – die einen, um von dort zu einer der sieben Ostfriesischen Inseln überzusetzen, die anderen, um einen Blick auf Schiffe und das Wattenmeer zu werfen. Einen Besuch im Binnenland verdienen die küstennahen Orte Norden, Esens und Jever.

Jede der sieben Ostfriesischen Inseln wird jeweils von einem anderen Festlandshafen aus angefahren. Nur von Norddeich verbinden Fährschiffe zwei Inseln, nämlich Juist und Norderney. Um auf das autofreie und beschauliche Juist zu gelangen, müssen sich die Fähren an die Gezeiten halten, während das Fahrwasser zum traditionsreichen Nordseeheilbad Norderney immer tief genug ist, um die Insel von Norddeich jederzeit aus zu erreichen, im Sommer sogar fast stündlich.

Vor dem Fährhafen Neßmersiel liegt zum Greifen nah das nur 5 km lange und 1–2 km breite Inselchen Baltrum. 30 Minuten dauert die Überfahrt, aber erst wenn die Flut die Fahrt übers Watt zulässt. Noch erlebnisreicher ist die geführte Wattwanderung zur Insel. Wer die beliebte Familieninsel Langeoog und ihren schönen Strand besuchen möchte, muss sein Auto in Dornumersiel zurücklassen. Das geruhsame (ebenfalls autofreie) Spiekeroog, das vom Hafen Neuharlingersiel tideabhängig angefahren wird, ist das Eiland der kurzen Wege zu Dünen und Strand. Eine Museums-Pferdebahn verkehrte schon 1885 zwischen Anleger und Ort. Durch reizvolle Dünenlandschaften führen gute Wanderwege.

Fast schon städtisch wirkt hingegen der Ort Wangerooge auf der zweitkleinsten Insel Ostfrieslands. Als Heilbad hat die autofreie Insel, die durch Fähren mit dem Festlandshafen Harlesiel verbunden ist, eine lange Tradition. Als östlichste der sieben Inseln liegt Wangerooge nahe der großen Schifffahrtswege – man kann am Strand die großen Pötte Richtung Wilhelmshaven, Bremerhaven und Hamburg vorbeiziehen sehen.

Dünen auf Langeoog

Touren in der Region

Von Norddeich bis Jever

(4) Norddeich › Norden › Neßmersiel › Dornumersiel › Bensersiel › Esens › Neuharlingersiel › Harlesiel › Carolinensiel › Schillig › Jever

Dauer: 1 Tag, Fahrstrecke 115 km (Autotour)
Praktische Hinweise: In den Hafenorten kann man am grünen oder aufgeschütteten Strand baden; Kutterfahrten finden bei Flut, Wattwanderungen bei Ebbe statt – das Tagesprogramm der Touristikämter gibt Auskunft.

Die erste Etappe führt vom modernen Fährhafen **Norddeich** › S. 56 (Fähren nach Juist und Norderney) in den benachbarten Ortsteil ***Norden**. Sehenswert ist die **Ludgerikirche** und das ***Teemuseum** im Alten Rathaus. Auf dem halbem Weg zwischen Norden und Norddeich biegt die geruhsame, nahezu küstenparallele Landstraße ab, dann geht es immer in östlicher Richtung weiter am Seedeich entlang bis zum Hafen von **Neßmersiel** › S. 63. Wer noch Zeit hat und hier übernachtet, kann von hier bei Ebbe eine geführte (!) Wattwanderung zur Insel Baltrum unternehmen.

Nationalgetränk Ostfriesentee

Nächstes Ziel ist **Dornum** und das 5 km entfernte **Dornumersiel** › S. 67. Zu sehen gibt es noch viele Relikte aus der Zeit der friesischen Häuptlinge. Ein kleiner Schwenk von der Küste ins Hinterland führt nach **Esens** › S. 68, das hübsche Städtchen war im 14./15. Jh. Sitz der friesischen Häuptlingsfamilien und hat noch einen mittelalterlichen Siedlungskern. Das 4 km entfernte **Bensersiel** › S. 68 ist der Fährhafen für die Insel Langeoog.

Weiter geht es ins ruhige Nordseeheilbad **Neuharlingersiel** › S. 72, von wo die Fährschiffe nach Spiekeroog starten. Nur 8 km weiter östlich lohnt **Harlesiel** › S. 75 einen längeren Stopp. Von hier legen die Fähren nach Wangerooge ab. In Harlesiel kann man aber auch eine kleine Tour mit dem Raddampfer nach **Carolinensiel** › S. 75 machen und das ***Sielhafenmuseum** besuchen.

In **Schillig** › S. 79 macht die Küsten-Landstraße einen 90°-Bogen weg vom offenen Meer in Richtung Jademündung und Hauptfahrrinne der großen Seeschiffe, die Wilhelmshaven ansteuern. Interessantes Ziel ist das schöne ***Jever** › S. 79 mit Schloss, gemütlicher Altstadt und der berühmten Brauerei.

Inseltouren auf *Juist und **Norderney

(5) Insel Juist: Norddeich › Flugplatz Juist › Ortskern › Hammersee › Domäne Loog › Hafen Juist › Norddeich

Insel Norderney: Norddeich › Hafen Norderney › Kurviertel › Leuchtturm › Strandpromenade › Hafen Norderney › Norddeich

Dauer: 2 Tage; Weglängen auf Juist: 12 km Wanderung oder Radtour, 5 km Kutschfahrt und auf Norderney: 13 km Wanderung oder Radtour.
Praktische Hinweise: Die Juist-Fähre verkehrt tideabhängig und braucht ca. 1,5 Std. für eine Fahrt, daher ist der kurze Flug ab oder bis Norddeich sinnvoll. Der Transfer auf Juist erfolgt per Pferdekutsche. Die Autofähren nach Norderney fahren im Sommer stündlich. Auf beiden Inseln kann man Fahrräder ausleihen.

Von **Norddeich** › S. 56 gehen Fähren nach ***Juist** › S. 57 und Norderney ab. Einen schönen Überblick über diesen Teil des Wattenmeers bietet der kurze Flug von Norddeich nach Juist. Die gemächliche Kutschfahrt in den Ort stimmt schon auf die autolose Insel ein. Auf dem breiten Strand und auf befestigten Pfaden wandert man in den Insel-Westen zum baumgesäumten ***Hammersee** › S. 58. Dort legt man in der **Domäne Loog** › S. 58 eine verdiente zünftige Rast ein und kehrt über den stillen Ortsteil **Loog** › S. 58 zum Hafen und von dort mit der Personenfähre nach **Norddeich** › S. 56 zurück.

Am nächsten Tag geht es mit der Autofähre nach ****Norderney** › S. 60. Schon gleich am Hafen kann man Fahrräder ausleihen, um in den Ort mit seinem eleganten Kurzentrum rund um das ***Conversationshaus** › S. 60 zu gelangen. Für einen Bummel auf der belebten **Strandpromenade** parkt man das Rad und benutzt es erst später wieder für die Fahrt durch die Dünenlandschaft zum **Leuchtturm** › S. 62 in der Inselmitte. Von hier hat man eine grandiose Aussicht bis weit aufs Festland. Auf der Wattseite der Insel führt der Rückweg zum Hafen über den vogelreichen **Südstrandpolder**.

Auf Zeitreise in Carolinensiel und auf Wangerooge

6 Carolinensiel › Hafen Harlesiel › Flugplatz Harle › Flugplatz Wangerooge › Alter Leuchtturm › Westturm › Café Neudeich › Bahnhof › Westanleger › Hafen Harlesiel

Dauer: 2 Tage; Carolinensiel Rundgang 3 km; Wangerooge: Fußweg 2 km, Radwege 13 km
Praktische Hinweise: Zwischen Carolinensiel und Harlesiel fährt März–Okt. alle 90 Min. der Raddampfer Concordia II. Für einen Tagesaufenthalt auf Wangerooge empfiehlt sich je nach Tide eine Kombination aus Flug und Schiff – bei ungünstiger Tide der Hin- und Rückflug vom/zum Flugplatz Harle gleich neben dem Hafen Harlesiel.

Ausgangspunkt ist **Carolinensiel** › S. 75 und sein **Museumshafen** mit dem ***Sielhafenmuseum.** Nach der Besichtigung kann man eine der im **Nationalparkhaus** angebotenen Wattführungn oder Bootsfahrten machen. Nur 1 km von Carolinensiel liegt der heutige Hafen und das Nordseebad **Harlesiel** › S. 75.

Hier gehen die Fähren nach ***Wangerooge** › S. 76 ab, zeitsparender ist jedoch der kurze Flug. Übernachtet wird auf Wangerooge, um am nächsten Morgen einen Inseltag auszukosten. Mit wenigen Schritten ist man an der Hauptstraße und am ***Alten Leuchtturm** › S. 76 und dem Inselmuseum darin. Die Insel erkundet man am besten zu Fuß oder per Rad – verfahren kann man sich hier nicht. Immer hat man das Wahrzeichen, den wuchtigen ***Westturm** › S. 77 im Blick. Im Osten lädt das **Café Neudeich** › S. 79 zur Einkehr. Wenn man für die Rückfahrt nach Harlesiel die Fähre nimmt, genießt man den reizvollen Transfer mit der **Inselbahn** durch das Nationalpark-Revier zum Westanleger.

Unterwegs in der Region

*Norden-Norddeich 9

Norden ist die älteste Stadt Ostfrieslands, sie wurde 1277 gegründet. Zur Blüte gelangte sie, nachdem ihr die Sturmflut von 1362 einen Hafen beschert hatte, der aber im 17. Jh. wieder versandete. An Nordens großem Marktplatz findet man bedeutende alte Bauwerke: die **Ludgerikirche** (13. Jh.) mit ihrer Arp-Schnitger-Orgel, das **Alte Rathaus** mit **Heimat-** und ***Teemuseum** (Am Markt 36, Saison: Di–So 10–17 Uhr, Juli/Aug. auch Mo) und eine Reihe weiterer Gebäude, die unter Denkmalschutz stehen.

Nur 5 km östlich der Stadt an der Straße Richtung Hage liegt der ***Schlosspark Lütetsburg**, die **romantische Parkanlage** der Grafen zu Inn- und Knyphausen. Besonders prächtig ist sie Ende Mai, wenn der Rhododendron blüht (Mai–Sept. tgl. 8–21, sonst 10–17 Uhr, mit Café).

Echt gut

Norddeich

Norddeich ist der 4 km entfernte geschäftige Fährhafen von Norden, von hier fahren die Fähren nach Juist und Norderney. Es ist auch das größte Nordseebad an der ostfriesischen Küste.

Norddeich besitzt Kuranlagen, Hotels, den **Wellenpark** mit **Badelandschaft** »Ocean Wave«, Abenteuerspielplatz und Rollschuhbahn sowie einen grünen Badestrand, außerdem das **Nationalpark-Haus** mit seiner sehenswerten **Seehund-Aufzuchtstation** und dem **Waloseum**. Vom schier endlosen Seedeich hat man eine großartige Aussicht.

Info

Kurverwaltung
Dörper Weg 22
26506 Norddeich
Tel. 0 49 31/98 62 00
www.norddeich.de

Hotel

Romantik Hotel Reichshof
Neuer Weg 53][Norden
Tel. 0 49 31/1 75-0
www.reichshof-norden.de
Das urgemütliche Wohlfühlambiente und der Wellnessbereich machen die 3-km-Entfernung zur Nordsee wett. ●●–●●●

Restaurant

Minna am Markt
Am Markt 68][Tel. 0 49 31/32 11
Norddeutsche Küche raffiniert zubereitet. ●–●●

*Insel Juist 10

Die Insel ist »Töwerland« (Zauberland) – heilsame Gegenwelt zu städtischer Hektik und Stress. Juist ist im Schnitt nur 500 m schmal, aber 17 km lang, es gibt jeweils einen befestigten Fahrweg Richtung Westen und Osten und ein paar Sträßchen in der Mitte. Den Rest erkundet man zu Fuß: den endlosen Strand, die Dünenpfade, den See, duftendes Buschland und vogelreiche Salzwiesen – eine überraschend vielfältige Natur.

Am Hafen A und im Zentrum

Am Hafen auf der Wattseite ist man schon fast mitten im Ort. Die meisten Häuser sind unauffällige rote Ziegelbauten. Es ist genügend Platz für Bäume und gepflegte Gärten; ein paar Läden säumen die Achse zwischen Hafen und Strand. Im alten Bahnhof

A Hafen
B Strand
C Siedlung Loog
D Küstenmuseum
E Domäne Loog
F Hammersee
G Domäne Bill
H Haakdünen
I Billriff
J Memmert
K Kalfamer
L Flugplatz

Die Strandpromenade und das elegante Kurhaus auf Juist

logiert das **Nationalpark-Haus Juist** (Saison: Di–Fr 9.30–12.30, 15–18, Sa, So 15–18 Uhr). Attraktionen sind das Aquarium und ein Wal-Skelett; Kinder kriechen ins Wellhornschneckenhaus.

Am Strand B

Vom **Hafen** sind es nur wenige hundert Meter den Dünenwall hinauf; schon breitet sich der makellos helle, fast endlose Sandstrand vor den Augen aus. Auf dem Dünenkamm fällt das blendend »weiße Schloss am Meer«, das ***Kurhaus Juist**, auf. Berühmte Gäste nächtigten in dem über 110 Jahre alten Prachtbau. Die in der Nähe befindlichen Kureinrichtungen, Kurmittelhaus und Meerwasserschwimmbad sind dagegen ganz profan in modernen Zweckbauten untergebracht. Zu sehen ist hier auch das Inselwahrzeichen, der markante **Wasserturm**. Der Hauptbadestrand mit seinen bunten Strandzelten liegt unterhalb der Dünenkette.

Im Loog C und weiter westwärts

Ein zweiter bewachter Strandabschnitt, Loog Bad, liegt 2 km westlich nahe der Siedlung **Loog** (Dorf) mit meist einstöckigen und bescheideneren Häusern. Eines davon dient als **Küstenmuseum** D, in dem wechselnde Ausstellungen zum Thema Küste gezeigt werden (Loogster Pad 21, Saison: Di–Fr 9.30–13, 14.30 bis 17, Sa 9.30–13, So 14.30–17 Uhr).

Westlich vom Loog lockt die **Domäne Loog** E, ein Bauernhof – mit allem, was dazu gehört: Ententeich, Misthaufen und Tiere sowie einer zünftigen Gastwirtschaft. Der nahe ***Hammersee** F ist der größte Süßwassersee der Ostfriesischen Inseln. An dieser Stelle teilte 1651 eine Sturmflut die Insel Juist; erst im 19. Jh. wurde sie durch Deiche an der Wattseite und Befestigung von Dünen auf der Strandseite wieder »zusammengeflickt«. Im Schilf leben Enten und Rohrsänger, im schattigen Busch- und Baumland rund um den See sind viele Singvögel zu Hause, den besten Überblick hat man von den Aussichtsdünen im Norden und Süden.

Ausflug ins einsame Westende

Westwärts stößt man auf die Felder und Weiden der **Domäne Bill** G. Auch auf diesem Bauernhof können Wanderer einkehren (› S. 60). Das bewaldete Dünenland endet abrupt in den **Haakdünen** H, die man auf dem niedrigen, sandigen **Billriff** I umrunden kann. Weit schweift hier der Blick bis Borkum.

Von den Sandplaten zwischen Juist und der Nachbarinsel ist ***Memmert** J die größte. Salzwiesen umgeben sie, und der Inselvogt (Vogelwart) bewacht Tausende von Vögeln. Hier brüten vor allem Silber- und Heringsmöwen.

Ausflug in den Juister Osten

Richtung Osten spaziert man vom Ort zu einem Wäldchen und weiter durch Dünenland. Das **Café Wilhelmshöhe** kann man nicht verpassen (› S. 60). Schön wandert es sich am Strand entlang, in der Ferne Norderney im Blick. Die östliche Sandspitze von Juist, **Kalfamer** K, kann man von April bis Oktober nur im Rahmen einer naturkundlichen Führung betreten, denn hier brüten die seltenen Zwergseeschwalben. Auf dem Rückweg bietet sich ein Abstecher zum **Flugplatz** L an, wo Rundflüge in einem Motorsegler angeboten werden (Tel. 0 49 35/2 13 und 91 40 80, Kiesendahl). Ein Wanderweg führt auf der Wattseite am Gemeindeheller entlang. In dieser Ruhezone des Nationalparks krakeelen nur Austernfischer und Möwen.

Info

Kurverwaltung Juist
Strandstraße 5][26571 Juist
Tel. 0 49 35/80 91 06
www.juist.de

Anreise

- **Fähr-Büros in Norddeich und Juist (jeweils am Hafen)**
Tel. 0 49 31/98 70
www.reederei-frisia.de
Ab Norddeich mit Reederei Norden-Frisia, tgl., Überfahrt ca. 1 Std. 30 Min.
- **FLN Frisia Luftverkehr**
Tel. 0 49 31/9 33 20 und
Reisebüro Juist
Tel. 0 49 35/91 40 80
www.fln-norddeich.de
Flüge ab Flugplatz Norden-Norddeich.

Hotels

- **Kurhaus Juist**
Strandpromenade 1
Tel. 0 49 35/9 16-0
www.kurhaus-juist.de
Traditionshotel mit elegantem Ambiente, modernem Komfort und schönstem Meerblick, gute Wellness-Einrichtungen. ●●●
Echt gut!
- **Achterdiek**
Wilhelmstr. 36][Tel. 0 49 35/80 40
www.romantik-hotels.com
Modernes Romantik-Hotel, Blick aufs Watt, hervorragendes Restaurant, großer Wellnessbereich. ●●●

Haus Wilhelmshöhe
Tel. 0 49 35/2 49
www.cafe-wilhelmshoehe-juist.de
Ferienwohnung in einsamer Dünenlandschaft. ●●

Restaurants

Gabeljürge
Gräfin-Theda-Str. 3
Tel. 0 49 35/10 07
geöffnet Do–Di ab 17.30, Fr–So auch 12.30–13.30 Uhr
Exzellente Fisch-, Hummer- und Lammspezialitäten. ●●

Domäne Bill (G)
Tel. 0 49 35/12 12
tgl. außer Mi 11 bis 17 Uhr
Auf diesem Bauernhof können Wanderer einkehren; hausgebackener Rosinenstuten. ●

Café Wilhelmshöhe
Flugplatzstr. 21][Tel. 0 49 35/2 49
Gartencafé mit Rundblick über Dünen, Watt und Meer. ●

4 **Insel Norderney 11

Keine Ostfriesen-Insel bietet mehr Vielfalt an Kultur, Sport und Unterhaltung als dieses traditionsreiche Staatsbad, dessen Glanzzeiten als erstes Seebad der Nordsee und königliche Sommerresidenz bis ins 19. Jh. zurückreichen, als es Treffpunkt des europäischen Hochadels war. Die Dichter Heinrich Heine und Theodor Fontane erholten sich hier, Otto von Bismarck und viele andere Berühmtheiten. Das Kurviertel mit seinen prachtvollen Gründerzeitbauten spiegelt noch den Glanz und die Eleganz jener Tage. Diesem nostalgischen Flair können selbst die Hochhaus-Skyline, die 40 000 Gästebetten und der rege Autoverkehr nichts anhaben. In der Inselmitte und im Osten der 15 km langen und im Schnitt 2 km breiten Insel ist noch viel unbebauter Raum für Wander-, Rad- und Reitwege geblieben, auch für die 9-Loch-Golfanlage. Die Natur kommt nicht zu kurz: Große Teile der Insel sind nur Wanderern zugänglich oder streng geschütztes Nationalparkgebiet.

Stadt Norderney – Kurzentrum A

Norderneys Hochhäuser im Nordteil der Stadt sind im alten Zentrum kaum sichtbar. Hier leuchten die traditionellen Kurgebäude in brillantem Weiß. Die Anlagen sind gepflegt mit stattlichen Bäumen. Aus der Konzertmuschel klingt Musik, wie es sich gehört, wobei die Bandbreite von Klassik bis Pop reicht (April–Okt. tgl. außer Mo).

Blickfang ist das elegante weiße Kurhaus von 1822, auch ***Conversationshaus** genannt. Es beherbergt die Touristen-Information und bietet für die Kurgäste einen ehrwürdigen Lesesaal, Internetzugang, Veranstaltungs- und Tagungsräume und ein Bistro.

Westlich des Kurhauses entstand 2005 aus dem Meerwasserwellenbad **Deutschlands größtes Thalassobad,** das **bade:haus norderney** (tgl. 9.30–21.30 Uhr, 4 Std. ab 19 €). Das integrierte

Echt gut

Karte Seite 61

Wellenbad begeistert Jung und Alt. Neben dem Mehrzweckbau **Haus der Insel** ist nördlich des Kurplatzes das stilvolle **Kurtheater** von 1894 zu bewundern, ein echtes Schmuckstück mit vergoldeten Säulen und Samtsitzen im Innern. Gezeigt werden Filme und Gastspiele u. a. der Landesbühne Niedersachsen Nord. Die Gässchen im Zentrum, wo sich gründerzeitliche Hotels, Restaurants und Geschäfte aneinanderreihen, sind mit wenigen Ausnahmen Fußgängern vorbehalten.

Parks und Strände

Der nahe **Kurpark** Ⓑ erlaubt einen richtigen Waldspaziergang. Jenseits der Mühlenstraße kann man sich zur Stärkung in der **Windmühle** niederlassen, deren Flügel sich 100 Jahre lang – von 1862 bis 1962 – drehten, heute beherbergt sie ein Restaurant. Südlich des Kurviertels erstreckt sich das **Argonner Wäldchen** Ⓒ, in dem das **Fischerhaus-Museum** untergebracht ist (Mo–Do 15 bis 17 Uhr). Dort kann man sich das einstige Leben der Inselfischer ansehen. Von der Südseite des Parks erreicht man das **Bademuseum** (Weststrand 11, Mi, Sa 11 bis 16 Uhr), in dem über 200 Jahre Badegeschehen anschaulich aufbereitet ist. Den buhnengeschützten Strand **Westbad** Ⓓ überblickt man von der nahen Strandpromenade. Diese zieren nur wenige historische Gebäude – eines ist die frühere **Bülowsche Villa**.

Nordbad Ⓔ

Auf der Westseite der Insel kracht die Nordsee auf einer Länge von 5 km an Beton und 32 Buhnen. Der ausgedehnte Badestrand **Nordbad** beginnt erst östlich des neu gestalteten Küstenschutzes, und noch weiter östlich folgen das Ostbad Weiße Düne und der 4 km außerhalb des Orts liegende FKK-Strand. Kommt man von der nördlichen Strandpromenade zur Stadt zurück, fällt der wuchtige, 41 m hohe **Wasserturm** auf. Die

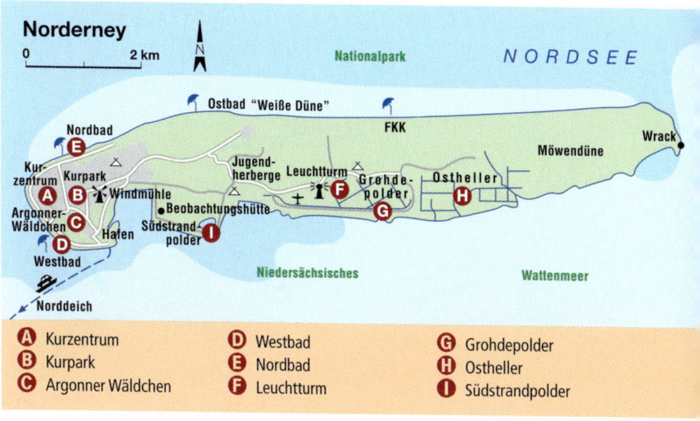

Ⓐ Kurzentrum
Ⓑ Kurpark
Ⓒ Argonner Wäldchen
Ⓓ Westbad
Ⓔ Nordbad
Ⓕ Leuchtturm
Ⓖ Grohdepolder
Ⓗ Ostheller
Ⓘ Südstrandpolder

Aussicht von dort oben ist großartig; unter www.norderney.de kann man sie dank einer dort installierten Webcam genießen.

Ausflug in Norderneys Natur

Nahe dem Flugplatz bietet das höchste Bauwerk Norderneys, der 56 m hohe ***Leuchtturm** F, eine prächtige Panoramasicht (April bis Okt. tgl. 14–16 Uhr). Auf der Wattseite liegen im Osten ausgedehnte Salzwiesen: Eingedeicht sind die Weiden des **Grohdepolders** G um Flug- und Golfplatz. Der **Ostheller** H ist wichtiges Rückzugsgebiet für Vögel. Ein ungewöhnliches Feuchtgebiet mit dichtem Buschwerk ist der wasserreiche **Südstrandpolder** I, der zunehmend verlandet.

Etwa durch die Mitte der Insel zieht sich von West nach Ost ein abwechslungsreicher Dünenstreifen: Wäldchen, Buschwerk und reine Graslandschaft. Immer wieder gibt es von hier Zugänge zum breiten Sandstrand im Nordosten. Die östliche Hälfte der Insel und der Südstrandpolder sind Ruhezonen des Nationalparks. Die vielseitigen Wander-, Rad- und Reitwege lassen auch Naturfreunde auf Norderney nicht zu kurz kommen.

Echt gut

Das **Nationalpark-Haus nahe der Fährbrücke** erläutert das Ökosystem Wattenmeer und veranstaltet Führungen von Mai bis Oktober: »Norderneyer Piepschau« oder »Wandel(n) im wilden Osten« der Insel, wo jenseits der Möwendüne seit 1967 das Wrack des Muschelbaggers Poseidon vor sich hinrostet. Das Team des Nationalpark-Hauses begleitet auch die »MS Wappen von Norderney« auf der Fahrt zu den Seehundbänken (Am Hafen 1, Tel. 0 49 32/20 01, April–Okt. Mo bis Fr 9–18, Sa, So 13–18 Uhr).

Terrasse mit Aussicht: Café Marienhöhe auf Norderney

Info

Kurverwaltung
26548 Norderney][Am Kurplatz 1
Tel. 0 49 32/89 19 00
www.norderney.de

Anreise

■ **Reederei Norden-Frisia**
Norden-Norddeich, Am Hafen
Service-Tel. 0 49 31/98 70
www.reederei-frisia.de
Fähren ab Norddeich, in der Saison bis zu 14-mal tgl., Überfahrt 55 Min.

■ **LFH**
Tel. 0 44 64/9 48 10
www.inselflieger.de
Flüge von April–Sept. 2-mal tgl. ab Harle.

Hotels

■ **Hotel Seesteg**
Damenpfad 36a
Tel. 0 49 32/89 36 00
www.seesteg-norderney.de
Design-Hotel an der Promenade mit Meerblick, hervorgegangen aus einem historischen Lagerhaus. ●●●

■ **Golf-Hotel**
Am Golfplatz 1][Tel. 0 49 32/8 96-0
www.golf-hotel-norderney.de
Moderne Anlage mit Meerwasserpool und Sportanlagen 6 km außerhalb der Stadt auf der Wattseite. ●●●

■ **Haus Wurpts**
Brunnenstr. 6][Tel. 0 49 32/28 16
www.haus-wurpts.de
März–Okt. Nichtraucher-Pension zwischen Kurplatz und Weststrand. ●–●●

Restaurants

■ **Restaurant Hafen**
Am Hafen 1][Tel. 0 49 32/4 83
Das Fischrestaurant am Fähranleger serviert fangfrischen Fisch. ●–●●

■ **Café Marienhöhe**
Damenpfad 42][Tel. 0 49 32/6 86
Konditorei mit langer Familientradition im Pavillon auf dem Hügel an der Promenade. ●● Echt gut!

■ **Zur Mühle**
Marienstr. 24][Tel. 0 49 32/20 06
tgl. außer Mi 11–23 Uhr
Mediterrane und deutsche Küche im gemütlichen Mühlenhaus. ●●

Neßmersiel 12

Wer die Insel Baltrum besuchen möchte, muss die Fähre vom kleinen Hafen Neßmersiel nehmen. Darüber hinaus ist das zur Samtgemeinde Dornum gehörende Neßmersiel vor allem ein überschaubarer gemütlicher Küstenbadeort für Familien. Es gibt einen schönen Badestrand mit Sand und Strandkörben, im netten Dorf ein paar Läden und Gasthöfe. Die Ferien- und Freizeitanlage **Sturmfrei** (www.nessmersiel-sturmfrei.de) in der Nähe bietet Ferienhäuser und -wohnungen im friesischen Stil sowie jede Menge wetterunabhängige Aktivitäten für drinnen und draußen. Hier starten **die interessantesten Wattwanderungen** (› S. 71) an der ostfriesischen Nordseeküste. Echt gut! Nicht verpassen sollte man die knapp 3-stündige, geführte **Wattwanderung zur Nordseeinsel Baltrum**, denn auf dieser Strecke ist das Watt besonders fest. Zurück geht es per Schiff (Info: Nordseehaus im benachbarten Dornumersiel: www.nationalparkhaus-wattenmeer/dornumersiel.de oder mit privaten Wattführern,

u. a. Eiltraut und Ulrich Kunth, Tel. 0 49 33/10 27; Hanne und Hans Ortelt, Tel. 0 49 33/91 45 25; Martin Rieken, Tel. 0 49 42/ 20 41 60 und weitere (www.dornum.de, Wattwandern).

Info

Tourist-Info
Störtebekerstr. 18
26553 Neßmersiel
Tel. 0 49 33/87 99 80
www.sturmfrei-nessmersiel.de

Hotel

Zum Wikinger
Dorfstr 18][Tel. 0 49 33/9 11 80
www.hotel-wikinger.com
Modernes, kleines Hotel mit Restaurant; günstiges Paketangebot. ●–●●

Restaurant

Café Aggi Huus
Dorfstr. 49][Tel. 0 49 33/91 40 73
Einfache Tagesgerichte, Kuchen, viele Sorten Tee. ●

*Insel Baltrum 13

Ganz nah tuckert die Baltrum-Fähre an der Norderneyer Ostspitze und ihren Seehunden vorüber. Baltrum reichte früher bis zur Seehundbank. Rund 4 km hat sich die Insel in den letzten Jahrhunderten ostwärts verlagert. Sie ist nur 5 km lang und 1 bis 2 km breit. Autos braucht man nicht, stattdessen holpern Pferdewagen und Handkarren über die Insel; auch Fahrräder sollen Gäste auf dem Festland lassen. Die zusammenhängenden Siedlungen Westdorf und **Ostdorf** ducken sich mit ihren Ziegeldächern in die Dünenlandschaft. Das überschaubare Inselchen mit seinen kurzen Wegen und preisgünstigen Unter-

Baden anno dazumal

Den Anfang machten die Engländer, die an ihren Küsten schon früh richtige Badeorte errichtet hatten.

Zum Baden benutzte man hölzerne Badekarren auf Rädern. Kräftige Helfer schoben die rollenden Badekabinen ins Wasser, an einer Seite entstiegen die Kurgäste – züchtig vom Hals bis zum Knie in Badekleidung verhüllt – und benetzten sich beim Niederknien mit Meerwasser, sichtgeschützt durch Markisen und streng nach Geschlechtern getrennt. Straßennamen wie Damen- oder Herrenpfad erinnern an diese sittenstrenge Zeit. Heinrich Heine beäugte jedoch schon anno 1825 mit Vergnügen die badenden Damen durchs Fernglas.

künften ist besonders bei Familien beliebt. Das Kulturprogramm schafft Kontakte zwischen Insulanern und Urlaubern: Shanty-Chor, Gitarrenkreis oder Theatergruppe unterhalten die Gäste.

Der **Shantychor Balt'mer Korben** singt Shantys und Piratensongs (Veranstaltungsprogramm der Kurverwaltung), gut sind auch die Aufführungen der **Inselbühne Baltrum** (jeden Mi 20.30 Uhr in der Turnhalle).

Die Fähre von Neßmersiel braucht für die Überfahrt nur ca. 30 Min., erlebnisreicher ist die Wanderung übers Watt › S. 63.

Gezeitenhaus A und Gezeitenpfad

Nur 200 m vom Schiffsanleger liegt das **Gezeitenhaus** (Nationalparkhaus Baltrum) mit dem thematischen Schwerpunkt Ebbe und Flut in Ausstellungen, Vorträgen, Filmen und Führungen (www.nph-baltrum.de, April bis Okt. Di–Fr 9.30–12, 15–19 Uhr, Sa, So 15–19 Uhr).

Hier ist auch der Ausgangspunkt des ***Gezeitenpfades.** Der 7 km lange Rundweg führt in 17 Stationen durch Dünen und Vogelschutzgebiete und vermittelt durch Infotafeln und Mitmach-Stationen Spannendes zum Thema Gezeiten, Sturmfluten und Küstenschutz.

Westdorf B

Im Westdorf zeigt das **Museum Altes Zollhaus** Interessantes über die Inselgeschichte vom Frachtsegeln bis zum Alltag der Inselhebamme (Ostern–Okt. tgl. 10 bis 12, 15–18 Uhr). Zwei Backsteinhäuser beherbergen die **Alte Inselkirche** und die Alte Schule. Auf dem Kirchplatz hängt in einem einfachen Holzgerüst die **Inselglocke,** die die Baltrumer als Strandgut bargen.

Von den unauffälligen Backsteinhäusern hebt sich das moderne Erlebnisbad **SindBad** ab (Juli–Mitte Sept. Mo–Sa 12 bis 19 Uhr). Ebenfalls in Strandnähe gibt es Tennisplätze und einen Minigolfplatz. Das Kinderspielhaus liegt in der Nähe.

Strand und Dünental

Der schöne **Strand** am Dünenwall schwankt in der Breite stark mit den Gezeiten. Vom Ende des bewachten Badestrandes wandert man 500 m zur **Aussichtsdüne** C und entdeckt von dort das saftig grüne **Große Dünental**, die helle, sandige östliche Spitze der Insel und die Salzwiesen auf der Wattseite – eine Einladung, die ab-

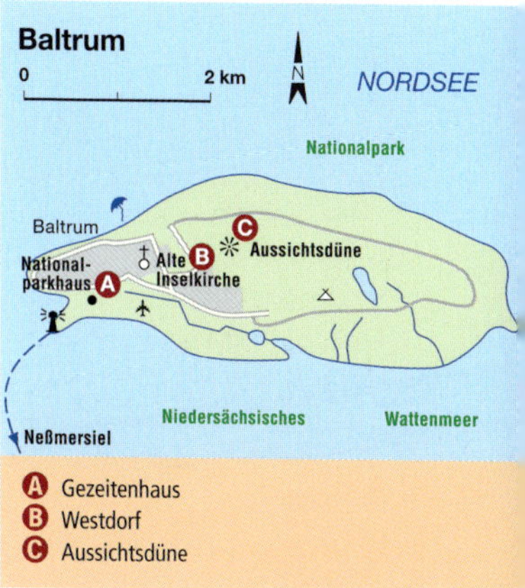

wechslungsreichen Wanderwege auszuprobieren.

Info

Kurverwaltung
Haus 130][26574 Baltrum
Tel. 0 49 39/8 00][www.baltrum.de

Anreise/Verkehrsverbindungen

- **Reederei Baltrum-Linie**

Tel. 0 49 39/99 16 06
www.baltrum-linie.de
Ab Neßmersiel tgl. 1–3 Fahrten. Zubringerbusse ab Bhf. Norden ca. 45 Min. vor Abfahrt der Fähre. Tagesparkplätze am Hafen; Langzeitparken: Garagen Assing, Tel. 0 49 33/22 23.

- **LFH**

Tel. 0 44 64/9 48 10
www.inselflieger.de
Ab Harle (Carolinensiel) ganzjährig 2–3 Flüge tgl.

Hotels

- **Dünenschlösschen**

Haus 48
Tel. 0 49 39/91 23-0
www.duenenschloesschen.de

Kleine Küsten- und Meereskunde

An der Nordseeküste kann man tagtäglich den spannenden Zyklus von Ebbe und Flut beobachten: die **Tide**. Beim steten Rhythmus der Gezeiten steigt der Meeresspiegel zweimal am Tag um 2 bis 3 ½ m an – das nennt man **Tidenhub** – und überflutet das Watt. Genauso wie es kommt, fließt das Wasser wieder ab, bis das Watt fast trocken fällt. Dann herrscht **Ebbe**. Den niedrigsten Wasserstand der Tide nennt man **Niedrigwasser**. Als **Flut** bezeichnet man das ansteigende Wasser, und wenn die Flut ihren normalen Höchststand erreicht, spricht man von **Hochwasser**. Unter Hochwasser versteht man an der Küste also keinen außergewöhnlichen Wasserstand.

Bedingt durch die Anziehungskraft des Mondes und Fliehkraft der Erde findet der **Gezeitenwechsel** von Ebbe zu Flut bzw. von Flut zu Ebbe etwa alle 6 Std. und 13 Min. statt. Entsprechend dem Mondrhythmus verschieben sich Ebbe und Flut um 50 Min. pro 24-Stunden. Das ist wichtig zu wissen, wenn man Wattwanderungen oder Schifffahrten zu einigen Inseln unternimmt, die tideabhängige Abfahrtszeiten für die Fähren haben. Es begrenzt die Aufenthaltszeit für die Rückfahrt mit dem Schiff auf die Zeitspanne der aktuellen Flut, wenn man nicht Stunden bis zur nächsten Flut warten möchte.

Zu einer **Sturmflut** kommt es, wenn bei schweren Stürmen und Orkanen der starke Wind gegen die Küste bläst und so das Wasser bei Ebbe am Abfließen hindert. Bei anhaltendem Sturm türmt sich dann die nachfolgende Flut auf das vorhergehende Hochwasser auf, dadurch kann das Wasser bis zur doppelten Höhe über Normal ansteigen. Damit sich Sturmfluten nicht verheerend auf Küste und Inseln auswirken, sind diese durch rund 1000 km **Seedeich** und meerseitig oft auch noch durch ein Vorland mit **Salzwiesen** geschützt. An manchen Flussmündungen wie der Eidermündung verhindern **Sperrwerke**, dass die Fluten das Binnenland überschwemmen.

Karte Seite 38

Die Norderburg in Dornum ist ein Wasserschloss

Komfortables Hotel auf der Wattseite, Reitstall in der Nähe, familienfreundlich, Waschmaschine. ●●

■ **Seehof**

Haus 86][Tel. 0 49 39/2 49
www.seehof-baltrum.de
Im Westdorf, 300 m zum Strand; mit Restaurant Moby Dick. ●●

Restaurant

Wietjes

Haus 58][Tel. 0 49 39/9 18 10
Restaurant und Café am Badestrand in geschütztem Terrassenvorbau; ostfriesische Küche, regionale Produkte, z.B. aromatisches Salzwiesenkalb. ●●

Dornum und Dornumersiel 14

Dornum war einst Herrschaftsbereich der ostfriesischen Häuptlinge (Herrlichkeit). Es ist nur 2000 Einwohner klein, besitzt jedoch zwei stattliche Schlösser, die **Beningaburg und das Wasserschloss Norderburg,** die beide auf mittelalterliche Ostfriesenburgen zurückgehen; und weiter Sehenswertes wie die **Synagoge,** den **jüdischen Friedhof** und die **Bartholomäuskirche** aus dem 13. Jh.

Echt gut!

Dornums Hafen **Dornumersiel** liegt 5 km nördlich und ist ein beliebter Badeort. Der Sandstrand, Ferienwohnungen und ein großer Campingplatz am Meer laden zum Bleiben ein, Unterhaltung gibt es im modernen Dorfhaus (Hafenstraße) u.a. mit Kinder-Spielscheune und Internetcafé. Wissenswertes zum Watt und Infos über Wattwanderungen gibt es im **Nationalpark-Haus Dornumersiel** (Oll Deep 7, Tel. 0 49 33/15 65, www.nationalparkhaus-wattenmeer/dornumersiel.de; April–Okt. Di–Fr 9–17, Sa, So 13 bis 17 Uhr).

Info

Tourist-Info Reethaus am Meer
Hafenstr. 3][26553 Dornum
Tel. 0 49 33/9 11 10][ww.dornum.de

Restaurant

Alte Schmiede
Cassen-Eilts-Pad 2
Tel. 0 49 33/17 44
www.alte-schmiede-dornumersiel.de
Rustikales Ambiente in einer alten Schmiede, regionale und saisonale Spezialitäten, viel Fisch. ●●

Esens-Bensersiel 15

Der Hafen im Nordseeheilbad **Esens-Bensersiel** ist geschäftig, da hier die Fähren nach Langeoog abfahren. Jachthafen, Schwimmbad und Campingplatz liegen am Hafen. Die modernen Kuranlagen stehen direkt hinterm Deich. Subtropisches Badevergnügen erwartet Klein und Groß in der Nordseetherme Sonneninsel.

Die malerische alte Stadt **Esens** liegt 4 km im Hinterland, einst war sie ostfriesischer Häuptlingssitz. Im Jahr 2027 begeht sie ihr 500. Stadtjubiläum; nur 50 Jahre jünger ist die Schützencompagnie, die jedes Jahr Anfang Juli ein großes Fest feiert. Auf dem Marktplatz zeigt der Tidebrunnen den Gezeitenstand der Nordsee an.

Info

Strandportal Bensersiel
Am Strand 8][26427 Bensersiel
Tel. 0 49 71/91 70
www.bensersiel.de

Hotel & Restaurant

Aquantis Bensersiel Küste
Taddigshörn 200
Tel. 0 49 71/20 20][aquantis.de
Kinderfreundliche Ferienanlage mit Pools, Restaurant und großer Bandbreite an Unterkünften, vom modernen Hotelzimmer bis zum Penthouse-Apartment. ●●–●●●

*Insel Langeoog 16

Strand, Natur, Sport, Erholung – so präsentiert sich das 11 km lange familienfreundliche Langeoog als »Insel für Aktive«. Autos gibt es nicht. Umgeben ist die Insel von 14 km Sandstrand – nur die Wattseite im Süden ist grün. Langeoog ist groß genug für ausgedehnte Wanderungen, Reit- und Radtouren. Familien und Tagesbesucher kommen gern hierher. Die Fähre braucht lediglich 35 Minuten. Und in nur 6 Minuten fährt die 100 Jahre alte bunte **Inselbahn** vom Hafen ins Zentrum (im Fährpreis enthalten).

Der kleine charmante Ort mit seinen breiten, autolosen Straßen und Flanierboulevard macht hingegen einen städtischen Eindruck. Bei jedem Wetter sorgen Spielhäuser, Bäder und Sporthallen in Strandnähe für Abwechslung.

Rund um den Wasserturm A

Der rot-weiß gestrichene **Wasserturm** in den Kaapdünen am Westrand des Orts ist Langeoogs Wahrzeichen. Man kann ihn besteigen (Mo–Fr 10–12 Uhr). Unterhalb steht das Denkmal für die Sängerin Lale Andersen, die auf dem Dünenfriedhof ihre letzte Ruhestätte gefunden hat. Der Turm von 1909 hat inzwischen ausgedient, ein Wegweiser führt den Besucher zum **Infohaus Altes Wasserwerk,** in dem die moderne Wasserversorgung der Insel anschaulich dargestellt ist (tgl. 9–16 Uhr, Info-Tel. 0 44 01/ 91 60).

echt gut!

Sehenswert ist der kurze **Film über Langeoogs Trinkwassergewinnung,** der zeigt, wie wichtig Küstenschutz auch für die Versorgung der Insel mit Süßwasser ist. An der Ecke Caspar-Döring-Pad/ Mittelstraße steht das liebevoll ausgestattete Heimatmuseum **Seemannshus** (Mi, Fr 15–17.30, So 10–12 Uhr), das Standesamt traut hier auch Heiratswillige.

Fußgängerzone und Kurviertel B

Der Dreh- und Angelpunkt des Langeooger Lebens ist die **Barkhausenstraße.** In dieser breiten Fußgängerzone kann man herrlich bummeln, essen, trinken und in Läden stöbern. Die Kureinrichtungen befinden sich in der Kurstraße, dort ist das **Haus der Insel** mit dem **Schifffahrtsmuseum** für Nautik-Fans ein lohnendes Ziel, es zeigt u. a. Modelle berühmter Schiffe, nautisches Gerät und Buddelschiffe. Integriert ist ein Aquarium mit Fauna und Flora der Nordsee (i. d. Saison: Mo, Di, Do, Fr 10–12, 15–17, Mi, Sa 10 bis 13 Uhr). Kinder klettern gern im Museumsrettungsboot im Hof herum und lieben das LEGO-Inselmodell.

Sport und gesunde Bewegung werden groß geschrieben auf Langeoog, davon zeugt das große Angebot an Sporteinrichtungen: **Kur- und Wellness-Center** im Kurmittelhaus (Mo–Fr 9–12.30, 14–17, Sa 9–17 Uhr), **Meerwasser-Erlebnisbad** mit Geysiren, Wellenspaß und großem Saunabereich (Mo 14–18, Di–So 10 bis 18 Uhr) und gleich um die Ecke, am Kavalierpad 15, das **Tenniscenter** mit Trampolinanlage (Tel. 0 44 01/10 77). In den beiden Spielhäusern (www.langeoog-kids.de), **Spöölhus** (Kavalierpad 10) und **Spöölstuv** (Kavalierpad 5.

Der Strand

Der Badestrand liegt im Ort direkt hinter dem Dünenwall. Bewegungsfans schätzen an Langeoog besonders den Sportplatz Strand. Am **Sportpalast am**

Wahrzeichen von Langeoog

Strand arrangiert die Kurverwaltung während der Saison täglich ein **kompaktes Fitnessprogramm für alle Altersgruppen** von Hüpfballrennen und Strandkegeln bis Gymnastik und von Nordic Beachwalking bis Volleyball (Mitte Mai–Mitte Sept. Termine Tel. 0 49 72/99 00 64 bzw. s. Aushang). Gegen Vorlage der LangeoogCard kann man auch Sportgeräte ausleihen.

Echt gut!

Am Ortsrand liegt der **Dünenfriedhof** C u.a. mit dem Grab der Sängerin Lale Andersen (1905–1972), die in der Nähe ein Sommerhaus besaß, das Reetdachhaus steht z.Z. zum Verkauf.

Ausflug in den Insel-Osten

Westwärts durchradelt man das grüne **Pirolatal** D Es erhielt seinen Namen von einer Wintergrün-Art, die hier früher wuchs. Mit einem mehrere hundert Meter langen Sandwall verstärkten die Langeooger ihre »angenagten« Dünen. An den beiden feuchten Flächen **Kleiner** und **Großer Schlopp** E ebneten die früheren Sturmfluten die Insel ein, nachdem diese den Dünenwall durchbrochen hatten. Die 20 m hohe **Melkhorndüne** F, zu der eine Treppe hinaufführt, bietet die beste Aussicht auf diese grüne Landschaft. Am lauten Möwengeschrei erkennt man die **Vogelkolonie** G, wer mag, kann den Vogelwärter in seinem Häuschen nahebei besuchen.

Bei der beliebten Hofwirtschaft **Meierei Ostende** H legen die meisten Radler eine Pause ein, um bei einem Imbiss oder Kaffee und Kuchen neue Kräfte zu sammeln (Di Ruhetag).

In schönen Kurven führt der asphaltierte Weg zum **Osterhook** I, dem Ende des Dünengeländes, das man nur zu Fuß überqueren kann. Entweder geht man zum Strand oder zur Aussichtsplattform. Mit dem Fernrohr kann man Seehunde beob-

A Wasserturm
B Kurviertel
C Dünenfriedhof
D Pirolatal
E Kleiner und Großer Schlopp
F Melkhorndüne
G Vogelkolonie
H Meierei Ostende
I Osterhook
J Flinthörn

achten. Sind einmal keine Robben zu sehen, bekommt man dafür aber jede Menge Vögel wie Austernfischer und Eiderenten zu Gesicht.

Ausflug zum Flinthörn J

Eine Rad- oder Wandertour erschließt den Südwesten der Insel. Sie führt durch den noch relativ jungen Inselwald zur geschützten Dünen- und Wattlandschaft im Südwesten.

Das Flinthörn steht unter Naturschutz und darf mit Ausnahme des Naturpfads nicht mehr betreten werden: Der gut ausgeschilderten Naturlehrpfad führt vom Flinthörndeich bis zu einer Beobachtungsplattform am Dünenrand und bis zum Flinthörnstrand, der sich rasch wandelt. Informationstafeln erläutern die jeweiligen Lebensräume mit ihren Vogel- und Pflanzenarten.

Info

Kurverwaltung Langeoog
Hauptstr. 28][26465 Langeoog
Tel. 0 49 72/69 30
www.langeoog.de

Anreise

- **Fähren ab Bensersiel**
Tel. 0 49 71/92 89-0 (Bensersiel)
0 49 72/69 32 60 (Langeoog)
Mitte Mai–Mitte Sept. 7–9 Abfahrten tgl., sonst mindestens 5, in der Regel mit Busanschluss von Esens.
- **LFH**
Tel. 0 44 64/9 48 10
www.inselflieger.de
Tgl. Flüge ab Harle (Carolinensiel).

Echt gut!

Die spannendsten Wattwanderungen

- **Neßmersiel–Norderney:** Man geht ca. 8 km durchs Watt, muss aber auf der Insel noch gut 3 km zur Bushaltestelle laufen › S. 60.
- **Neßmersiel–Baltrum:** Die 7 km-Wattstrecke ist eine gute Wahl für Anfänger. Auf der Insel sind es 1 km zum Hafen für die Rückfahrt › S. 63.
- **Neuharlingersiel–Langeoog** ist eine Herausforderung für sportliche und erfahrene Wattwanderer, es geht von der Küste 10 km durchs Watt (nur mit Führer!) und noch 12 km über die Insel › S. 68.
- **Schillig–Minsener Oog:** Etwas für Vogelfreunde ist die 8-km-Wanderung überwiegend auf Sandwatt von Schillig › S. 79 auf dem Festland zur Vogelinsel Minsener Oog, 2 km südwestlich von Wangerooge.
- **Dangast–Arngast:** Nur unverzagte und konditionsstarke Wattfreunde sollten sich mit Wattführer auf die schlick-, aber entdeckungsreiche 7-stündige Tour durch den Jadebusen von Dangast zum Leuchtturm Arngast auf der untergegangenen ehemaligen Geestinsel machen › S. 84.
- **Cuxhaven zur Insel Neuwerk:** Die 11 km übers Watt schafft man in 2–3 Stunden zu Fuß. Bequemer und schneller geht's mit der Pferdekutsche › S. 90.
- **Pellworm–Süderoog** und zurück ist ein Ausflug in die Geschichte einstiger nun vom Wattenmeer überspülten Siedlungen › S. 119.
- **Föhr–Amrum:** Hier kann man mit Wattführer von Insel zu Insel laufen › S. 125.

Verkehr auf der Insel

■ **Langeooger Kutschfahrten**
Tel. 01 75/4 60 10 45

■ **Kutschtaxen Vogel**
Tel. 0 49 72/60 29

■ **Fahrradverleih »Insel-Radgeber«**
Barkhausenstr. 8
Tel. 0 49 72/99 03 11
www.langeoog-fahrradverleih.de

Hotels

■ **Retro Design Hotel**
Abke-Jansen-Weg 6
Tel. 0 49 72/6 82 99 90
www.hotel-kolb.de
Luxuriöses Hotel im Stil der 1970er-Jahre, mit Chill-out-Bar und schönem Garten. ●●●

■ **Lindner Hotel Feuerschiff**
Friesenstr. 1–5
Tel. 0 49 72/6 97-0
www.lindner.de
Aus fünf Häusern bestehende Anlage mit Wellnessbereich im marokkanischen Stil mit Hamam und Lichtsauna. ●●●

■ **Orion**
Mittelstr. 14][Tel. 0 49 72/7 83
www.stern-orion.de

Im Buddelschiffmuseum

Familiäre Pension in ruhiger Straße, mit Frühstück. ●

Restaurants

■ **Seekrug**
Höhenpromenade 1
Tel. 0 49 72/3 83
Fisch und ostfriesische Gerichte, leckere Torten bei herrlichem Rundblick. ●●

■ **Café Leiß**
Barkhausenstr. 13
Tel. 0 49 72/65 14
Nach dem Stadtbummel die ideale Stärkung mit Kuchen, Torten und kleinen Gerichte auf der Terrasse. ●–●●

Neuharlingersiel 17

Von hier fahren nicht nur die Fähren nach Spiekeroog ab, Neuharlingersiel zählt zu den ältesten Fischerhäfen an der Ostfriesland-Küste, erstmals wurde der **Hafen** 1693 urkundlich erwähnt. Mit seinen alten Giebelhäusern und Krabbenkuttern gibt er ein schönes Fotomotiv ab.

Nicht weit vom Kutterhafen liegt der stattliche **Sielhof**, heute Haus des Gastes mit vielfältigen Unterhaltungsangeboten.

Zugleich ist Neuhaarlingersiel auch Nordseeheilbad mit beheiztem Meerwasser-Hallenbad und **Buddelschiffmuseum**. Der Ort ist ideal für Familien. Bausünden und übermäßiger Kommerz blieben ihm erspart. Kinder haben ihren Riesenspaß in der Wasserspielanlage »Platschi«. Der Kutter

Karte Seite 74

Echt gut! **Gorch Fock geht auf interessante Törns ins Wattenmeer** und zu den Inseln (Willi Jacobs, Am Hafen West 19, Tel. 0 49 74/2 79).

Kaum ein Ort ist geeigneter für die 2013 eröffnete **erste Club-Jugendherberge der Welt**: Familien, Schulklassen oder Einzelgäste machen direkt an der Nordsee All-inclusive-Urlaub: www.djh-resort.de.

Info

Kurverwaltung
Edo-Edzards-Str. 1
26427 Neuharlingersiel
Tel. 0 49 74/18 80
www.neuharlingersiel.de

Restaurant

Sielhof
Bürgermeister-Dirksen-Platz 8
Tel. 0 49 74/60 5
Echt gut! Tee stilgerecht serviert, **feine Kuchen, regionale und Fischgerichte** im exquisiten friesischen Ambiente des Sielhofs. ●●–●●●

*Insel Spiekeroog 18

Spiekeroog ist klein. Nach kurzem Fußweg von der Fähre ist man im Inseldorf und wenig später am Strand. Es gibt weder Flugplatz noch Autos, und Fahrräder sind den Einheimischen vorbehalten. Pferdewagen oder Handkarren besorgen den Transport. Die Kirche und einige Bauernhäuser sind mehrere Jahrhunderte alt. Modern sind nur die Kuranlagen.

Im Inseldorf A

In der schattigen Straße Süderloog, 500 m vom Fähranleger, steht die schlichte **Alte Inselkirche** von 1696. Eng ist das Gestühl und winzig die Empore, umso mehr fällt die farbig bemalte Renaissancekanzel aus Holz auf. Von der hölzernen Pietà wird erzählt, dass sie vom Flaggschiff der spanischen Armada stamme und nach dem Seesieg der Engländer 1588 an den Spiekerooger Strand gespült worden sei. Der hölzerne Opferstock von 1676 verrichtet auch heute noch seinen Dienst (Mo 16–17, Mi 11–12, Fr 17 bis 18 Uhr; kostenlose Führung Mo 16.30 Uhr).

Nahe der **Neuen Kirche** umrundet man den »**Drinkeldoodenkarkhoff**«; auf diesem Kirchhof wurden unbekannte Gestrandete bestattet. Auch wenn das ambitionierte Künstlerhaus im Noorderpad 6 seit 2011 nicht mehr geöffnet ist, bleibt Spiekeroog geschätzt bei Kunstschaffenden; über Kurse gibt die Kurverwaltung Auskunft.

Im Kurzentrum gibt es das Meerwasserhallenbad **Schwimmdock** mit Kuranwendungen. Und im Kinderspielhaus **Trockendock** (Noorderpad) können sich Kinder austoben, wenn es draußen regnet, oder Computerkurse im dazugehörigen Internetcafé belegen. Das **Kuriose Muschelmuseum** in der »Kogge« präsentiert die Schätze aus den Weltmeeren (April–Okt. Mo–Fr 9–17, Sa, So 9–12 Uhr, www.kuriosesmuschel museum.de). Echt gut!

Per Pferdebahn zum Westend B

Vom Bahnhof der urigen ***Museums-Pferdebahn** am westlichen Ortsrand rollt das pferdebespannte Schienenfahrzeug bis zu vier Mal am Tag (Mo–Fr 10, 10.45, 15 und 15.45, So 14 und 14.30 Uhr) zum früheren Herrenbad am Westend und zurück. Der rührige Museumsverein, der sie unterhält, betreut auch das **Inselmuseum** mit Gesammeltem aus alten Spiekerooger Tagen (Norderloog 1, Di–So 15.30–17 Uhr). Naturfreunde treffen sich zum Wandern am **Westend**, dort liegt auch das Café Westend (Mi–So 14 bis 17 Uhr) und das Abendlokal Old Laramie.

Die **Süderdünen C** sind ein Ort der Ruhe. Hier liegt der einfache Zeltplatz, dem Stammgäste seit Jahrzehnten treu sind.

Ausflug in Spiekeroogs Natur

Der hohe Dünenwall vor dem **Nordstrand D**, dem Spiekerooger Hauptbadestrand, bietet eine gute Fernsicht. Der Badestrand ist makellos; der unbewachte Strand verbreitert sich zum Osten der Insel um einige hundert Meter. Dorthin verzieht sich, wer seine Ruhe haben will. Nahe der Strandhalle ersteigt man die Aussichtsdüne und sucht sich einen Wanderweg aus.

Unübersehbar ist auf der Marschenseite das Windrad. Es gehört zur **Hermann-Lietz-Schule E**, ein vom Nachfolger des Reformpädagogen Hermann Lietz gegründetes Internat für Spiekerooger und auswärtige Schüler.

Besonderes Gewicht liegt auf praktischen Tätigkeiten und Umweltbildung. Im zugehörigen **Nationalpark-Haus Wittbülten** mit Aquarien und einem Pottwalskelett erfahren die Besucher vieles zur Meeresnatur und Inselentstehung (Di–So 11–17 Uhr).

Info

Kurverwaltung
Noorderpad 18][26474 Spiekeroog
Tel. 0 49 76/ 91 93-1 01
www.spiekeroog.de

Anreise

Fähren ab Neuharlingersiel
Tel. 0 49 76/91 93-133
tideabhängig bis 6-mal tgl., Fahrtzeit 40–55 Min., Wassertaxi 15 Min., Bustransfer nach Neuharlingersiel von Esens (z.T. über Bensersiel, Tel. 0 49 41/ 9 33 77, www.vej-info.de) sowie Bus-/Bahnverbindungen ab Esens.

Hotels

■ **Zur Alten Inselkirche**
Norderloog 4][Tel. 0 49 76/91 05-0
www.kroeger-spiekeroog.de
Kleines Hotel mit schönem Garten. ●●

■ **Haus Klasing**
Westend 10][Tel. 0 49 76/2 30
www.haus-klasing.de
Einsame Pension auf einer Düne, Vollwert-Frühstück. ●●

Restaurants

■ **Spiekerooger Leidenschaft**
Noorderpad 6][Tel. 0 49 76/7 06 00
Fisch, friesische Spezialitäten. ●●

■ **Spiekerooger Teestube**
beim Inselmuseum
Tel. 0 49 76/2 04
Kuchen und kleine Gerichte. ●–●●

Carolinensiel-Harlesiel 19

Zur Insel Wangerooge fährt oder fliegt man ab Harlesiel. Das kleine familienfreundliche Nordseebad bildet eine Gemeinde mit dem 1 km landeinwärts gelegenen Carolinensiel, wo sich die Kureinrichtungen befinden. Ein malerisches Ensemble bilden in Carolinensiel die historischen Häuser des ***Sielhafenmuseums** an den Ufern des Flusses Harle; es zeigt die Welt der Küste vom Kapitänshaus bis zum Maschinenpark für den Wasserbau (Pumphusen 3, Am Hafen Ost, www.deutsches-sielhafenmuseum.de, Ende März–Anf. Nov. tgl. 10 bis 18 Uhr). Von Harlesiel-Jachthafen kann man den Sielhafen-Museumshafen in Harlesiel auch mit dem **Raddampfer Concordia II** ansteuern (Reederei Albrecht, Tel. 0 44 64/9 42 97 41, www.reederei-albrecht.de, im Sommer sechs Abfahrten tgl.).

Echt gut!

Info

Tourist-Information
Nordseestr. 1
26409 Carolinensiel-Harlesiel
Tel. 0 18 05/94 93 00
www.carolinensiel.de

Hotel & Restaurant

Erholung
Am Hafen Ost 5][Tel. 0 44 64/3 10
www.hotel-carolinensiel.de
Kleines Hotel mit 8 Zimmern am Museumshafen. Das Restaurant bietet ostfriesische und Fisch-Spezialitäten. ●

*Insel Wangerooge 20

Wangerooge ist die zweitkleinste und östlichste der Ostfriesischen Inseln, politisch gesehen gehört sie allerdings zum Landkreis Friesland, also zu Oldenburg. Als 8 km langer Bogen zieht sich die Insel von West nach Ost. Autos haben auf Wangerooge keinen Platz, Entschleunigung und gesunde sportliche Bewegung sind angesagt.

Am ortsnahen, 2 km langen Badestrand tummeln sich im Sommer Familien, Kinder und Tagesgäste. In der Ferne sieht man turmhohe Container- und gelegentlich auch Kreuzfahrtschiffe vorüberziehen, da sich in Inselnähe wichtige Schifffahrtswege befinden. Die tideabhängige Fährüberfahrt ab Harlesiel dauert 1 Std. und 20 Min. und wird am Westanleger mit der Schmalspur-Inselbahn fortgesetzt.

Ortszentrum

Das »Dorf«, wie die Insulaner ihren Ort nennen, ist eher schmucklos. Der ***Alte Leuchtturm** in der Nähe des **Bahnhofs** Ⓐ dient als Standesamt und Heimatmuseum. **Der Blick von seiner Aussichtsplattform ist so beeindruckend,** dass sich hier bis zu 400 Paare im Jahr das Jawort geben (www.leuchtturm-wangerooge.de; tgl. 10–13 und 14–17 Uhr). An der Hauptader des Ortes, der Zedeliusstraße, liegt der **Rosengarten,** ein gepflegter Kurpark mit Konzertmuschel und dem **Nationalpark-Haus Wangerooge** Ⓑ, das anschaulich durch Fauna, Flora und Umweltprobleme des Wattenmeers führt (Informationen im Veranstaltungskalender der Kurverwaltung oder: www.nationalparkhaus-wangerooge.de).

Echt gut

Der Hauptstrand

Die Zedeliusstraße ist städtische Einkaufs- und Flaniermeile, sie endet am markanten Rundbau

Ⓐ Bahnhof
Ⓑ Nationalpark-Haus
Ⓒ Café Pudding
Ⓓ Westturm
Ⓔ Café Neudeich

des **Café Pudding** Ⓒ direkt am Strand. Auf dem weißen Sandstrand stehen in der Hauptsaison die Strandkörbe dicht gedrängt. Im westlichen Strandabschnitt und im Dünenbereich ist das Revier der Sportfreunde: Surfen, Tennis, Tischtennis, Squash, Bogenschießen usw. Auch das große **Meerwasser-Freizeitbad »Oase«** liegt hier (Hallen-, Freibad und 74 m-Rutsche (Ostern–Okt. Mo bis Do 8.30–19, Fr bis 21, Sa, So 12.30–19 Uhr). Kinder können sich auf dem Abenteuerspielplatz und im **Kinderspielhaus** im Dünengelände neben der neuen Mehrzweckhalle austoben.

Ausflug über die Insel

Zwei Bauwerke auf Wangerooge sind unübersehbar: der moderne hohe Leuchtturm und der stattliche ***Westturm** Ⓓ, das Wahrzeichen der Insel, er beherbergt seit 1933 die Jugendherberge. In der Nähe liegt ein ruhiger bewachter Strand. Der breite Strand im Südwesten gehört zur Ruhezone des Nationalparks, ebenso die anschließende Westlagune, durch die die **Inselbahn** fährt. Noch einsamer ist die lange **Ostspitze** mit ihren riesigen Sandflächen; auf halbem Weg dorthin kehren viele Wanderer im **Café Neudeich** Ⓔ ein.

cht gut!

Info

■ **Kurverwaltung**
Strandpromenade 3
26486 Wangerooge
Tel. 0 44 69/9 90
www.wangerooge.de

Der Alte Leuchtturm von Wangerooge

■ **Zimmernachweis des Verkehrsvereins**
Im Bahnhof
Tel. 0 44 69/94 88-0
www.westturm.de

Anreise

■ Die Deutsche Bahn betreibt **Fähren, Inselbahn** und den **Tidebus** Harlesiel–Sande (bei Wilhelmshaven: www.siw-wangerooge.de. Am Hafen Harlesiel: Tel. 0 44 64/94 94 11.

■ **LFH**
Tel. 0 44 64/9 48 10
www.inselflieger.de
Flüge ab Flugplatz Harle.

Attraktion für große und kleine Gäste: das Café Pudding

Hotels

Strandhotel Gerken

Strandpromenade 21
Tel. 0 44 69/87 60
www.upstalsboom.de
Moderner 4-Sterne-Komfort, gute Wellness-Einrichtungen und 3 Restaurants. ●●●

Hotel Seeblick

Peterstr. 11
Tel. 0 44 69/94 80-0
www.seeblick-wooge
Modern eingerichtetes Mittelklasse-Hotel, 80 m zum Strand, nahe Sportzentrum. ●●●

Haus Seerose

Zedeliusstr. 10
Tel. 0 44 69/83 39
www.wir-wangerooger.de
Einfache Ferienwohnungen mit Garten im Ortskern. ●–●●

Jugendherberge Wangerooge

Westturm
Tel. 0 44 69/4 39
wangerooge.jugendherberge.de
Das Wahrzeichen der Insel, frühzeitig reservieren. ●

Echt gut

Restaurants

Teestube

Friedrich-August-Str. 13
Tel. 0 44 69/2 56
tgl. 8–21 Uhr
Gemütliche Adresse zum Teetrinken. Auch Fisch und Spezialitäten wie Ostfriesentorte. ●–●●

Café Pudding

Zedeliusstraße][Tel. 0 44 69/2 20
www.cafe-pudding.com
Di–So 11–21 Uhr
Beliebter Treffpunkt, kleinere Gerichte. ●–●●

Café Neudeich
Im Osten
Tel. 0 44 69/94 21 90
tgl. außer Di ab 11 Uhr
Herzhafte Snacks, hausgebackene Kuchen. ●–●●

Das Wangerland

Die Wangerländer Küstenorte **Schillig** 21 (mit Horumersiel) und **Hooksiel** 22 längs der Schiffsroute nach Wilhelmshaven sind mit ihrem flach abfallenden Strand, Kinderspielhäusern und weiteren kinderfreundlichen Einrichtungen ein beliebtes Ziel für Familien.

Dauercamper und Wochenendfahrer zieht es in Scharen auf die riesigen Campingplätze hier an der Küste. Hauptattraktionen sind die vielfältigen Sport- und Strandaktivitäten, ferner das Meerwasserwellenbad in Hooksiel und die Friesland-Therme in Horumersiel.

Info

Wangerland-Touristik
Zum Hafen 3
26434 Horumersiel-Schillig
Tel. 0 44 26/98 70
www.wangerland.de

Hotel

Dorf Wangerland
Jeversche Straße 100
26434 Hohenkirchen
Tel. 0 44 63/80 97 91 00
www.dorf-wangerland.de
Große »all-inclusive«-Hotel- Ferien- und Freizeitanlage mit Spielstadt, Unterhaltung, Sport und Wellness.

Ausflug nach *Jever 23

Die Heimat des bekannten Biers ist weniger als eine halbe Stunde Autofahrt ins Binnenland entfernt. Aber nicht nur das **Friesische Brauhaus** (Führung nach Anmeldung im Shop, Schlachtstr. 2, Tel. 1 37 11, www.jever.de) lohnt diesen Halbtagesausflug.

Jever hat ein sehenswertes historisches Stadtzentrum, in der gemütlichen Fußgängerzone kann man schön bummeln und das **Renaissance-Wasserschloss** mitten in der Stadt besuchen. Die Prunkräume der Regentin »Fräulein Maria« versetzen Besucher in die Zeit des 16. Jhs. (Schlossmuseum, Juli/Aug. tgl., sonst Di–So 10 bis 18 Uhr).

Info

Tourist-Information
Alter Markt 18][26441 Jever
Tel. 0 44 61/7 10 10
www.stadt-jever.de

Das Friesische Brauhaus in Jever

Die Nordseeküste zwischen Jade und Elbe

Nicht verpassen!

- Den Rundgang auf Wilhelmshavens maritimer Meile mit einem Essen auf dem Feuerschiff Weser krönen
- Die Aussicht vom Bremerhavener Atlantic Hotel SailCity genießen
- Auf einer Wattwanderung die amphibische Landschaft hautnah erleben
- Vom Falm Café den Ausblick auf Helgoland und das weite Meer bewundern

Zur Orientierung

Drei stark befahrene Schifffahrtsstraßen führen in der Deutschen Bucht zu den drei großen Seehäfen Deutschlands. Dabei hat sich Wilhelmshaven als Marinehafen und mit seiner attraktiven »Maritimen Meile« auch unter Feriengästen einen Namen gemacht.

Bremerhaven an der Wesermündung präsentiert sich mit seinem langen Containerkai und seiner riesigen neuen Erlebnismeile »Havenwelten« ganz maritim, dabei ist schon sein einzigartiges Deutsches Schifffahrtsmuseum Grund genug für einen Besuch der Stadt.

Das Küstengebiet zwischen diesen beiden Seehäfen ist ländlich und spiegelt die Willkür der Nordseestürme ebenso wider wie den harten Kampf der Menschen um ihre Heimat: Sturmfluten schufen seinerzeit die riesige Bucht des Jadebusens. Die Halbinsel Butjadingen zwischen Jadebusen und Wesermündung ist erst seit dem 18. Jh. dauerhaft mit dem Festland verbunden. Zwischen Weser- und Elbmündung erstreckt sich das Land Wursten. Der Name dieser Küstenlandschaft weist jedoch nicht auf das beliebte Fleischprodukt, sondern auf die künstlichen Erdhügel – Wurten – hin, die dem Schutz der Küstenbewohner dienten.

Klimahaus und Mediterraneo in Bremerhaven

Cuxhaven bildet am nördlichen Ende der Elbmündung das Eingangstor für die Schiffe zum Welthafen Hamburg. Mit dem Inselchen Neuwerk vor Cuxhaven und den umliegenden Sänden hat sich das 100 km von der Nordsee entfernte Hamburg vor Jahrhunderten einen winzigen Anteil an der Küste gesichert, den es heute im Hamburgischen Nationalpark Wattenmeer unter besonderen Schutz stellt – ein wahres Dorado für Wattwanderer.

Ein Exot in der Deutschen Bucht ist die winzige Insel Helgoland, die einzige Hochsee-Insel Deutschlands weit draußen in der Nordsee. Das Felseneiland aus dem markanten roten Sandstein mit seiner seltenen Vogelwelt und der Möglichkeit zum zollfreien Einkauf ist ein reizvolles Tagesausflugsziel von Cuxhaven aus.

Tour in der Region

Von Wilhelmshaven nach Cuxhaven

7 Wilhelmshaven › Dangast › Eckwarderhörne › Langwarden › Fedderwardersiel › Fähre Nordenham-Blexen › Bremerhaven › Imsum › Wremen › Mulsum › Dorum › Cappel › Dorumer Neufeld › Cuxhaven

Dauer: 2 Tage, 150 km, Übernachtung in Bremerhaven
Praktische Hinweise: Eine Radtour überwiegend auf wenig befahrenen Landstraßen oder Radwegen. Im Sommer lässt sich die Tour um den Jadebusen (ca. 50 km) mit der Personenfähre Wilhelmshaven–Eckwarderhörne abkürzen (› S. 85).

Schon in ***Wilhelmshaven** › S. 82 am grünen Badestrand nahe der »Maritimen Meile« überblickt man den 190 km^2 großen Jadebusen. Einzige Landmarke in der Bucht ist der Leuchtturm von Arngast, ein Dorf, das im 14. Jh. in den Fluten verschwand.

Der südlich von Wilhelmshaven liegende gemütliche kleine Kurort **Dangast** › S. 84 ist aber flutsicher. Von dort führt die Umrundung des Jadebusens zur Halbinsel **Butjadingen** › S. 85. Im hübschen Hafen **Fedderwardersiel** › S. 86 ist Zeit für eine Krabbenbrötchen-Pause, bevor man in Blexen mit der Fähre über die Weser setzt und direkt im Zentrum von ****Bremerhaven** › S. 86 landet. In der Hafenstadt gibt es viel zu sehen, seine Meer-Erlebniszentren und die spannenden Museen rund um die Seefahrt.

Am nächsten Tag führt die Fahrt ins **Land Wursten** › S. 88. In dem Streifen zwischen Weser und Elbe lohnen die kleinen Kirchdörfer mit teilweise großartigen Orgeln zahlreiche Zwischenstopps. Eine Badepause mit Strandausflug ist in **Dorum-Neufeld** › S. 88 angesagt, bevor es mit frischem Schwung in die letzte Etappe geht – durch schattige Wälder an den schönen Strand von ***Cuxhaven** › S. 89.

Unterwegs in der Region

*Wilhelmshaven 1

Wilhelmshaven wurde 1869 als Kriegshafen gegründet und ist heute bedeutender Marine- und Handelshafen. Der touristisch attraktivste Teil der im Zweiten Weltkrieg schwer beschädigten Industriestadt liegt im Südosten am Jadebusen: die Echt gut! **»Maritime Meile«** um Bontekai, Kaiser-Wilhelm-Brücke und Südstrand. In den dortigen Museen und Attraktionen kann man sich tagelang mit den Themen Meer und Seefahrt befassen. Oder im Strandkorb von der großen weiten Welt träumen. Konkretes erfährt man bei einer **Hafenrundfahrt** (ab Südstrand, Helgolandkai, ca. April–Okt. 11, 13 und 15 Uhr, Tel. 36 78 08) oder **JadeWeserPort**-Besichtigung (13 und 15 Uhr). Das **Deutsche Marinemuseum** zeigt Geschichte, Schiffe und Ausrüstung der Marine, in der Saison bietet es täglich spezielle Hafenrundfahrten zum Thema Marine (Südstrand 125, April–Okt. tgl. 10–18, sonst tgl. 10–17 Uhr).

Wissenswertes zu Natur und Menschenwerk an der Nordseeküste vermittelt das gegenüberliegende UNESCO-Weltnaturerbe **Wattenmeer Besucherzentrum** › S. 16 (Südstrand 110 b).

7 Von Wilhelmshaven nach Cuxhaven **Wilhelmshaven › Dangast › Eckwarderhörne › Langwarden › Fedderwardersiel › Fähre Nordenham-Blexen › Bremerhaven › Imsum › Wremen › Mulsum › Dorum › Cappel › Dorumer Neufeld › Cuxhaven**

Der »Backfischkutter« – eine Imbissbude im Marinehafen

Im nördlichen Bereich des Großen Hafens präsentiert das **Küstenmuseum** in einer Dauerausstellung den Lebensraum Küste – interaktiv mit Forschungslabor – und eröffnet interessante Einblicke in den neuen Tiefwasserhafen JadeWeserPort. Sonderausstellungen zu maritimen und historischen Themen ergänzen die Schau (Weserstr. 58, Juli–Aug. tgl. 11–17 Uhr, Febr.–Nov. nur Di bis So, www.kuestenmuseum.de).

Am **Bontekai**, nahe der Kaiser-Wilhelm-Brücke mit dem schönen Rundblick, liegen immer einige historische Schiffe, z. B. das Feuerschiff Weser, das jetzt als Restaurant dient.

Info

Tourist-Information
Bahnhofstraße 10
26382 Wilhelmshaven
Tel. 0 44 21/91 30 00
www.wilhelmshaven-touristik.de

Hotel

Strandhotel Seestern
Südstrand 116][Tel. 0 44 21/9 41 00
www.hoteldelphin.de
Modern designte Zimmer hinter Backsteinfassaden am Strand mit Meerblick, Café und Restaurant. ●●●

Restaurant

Feuerschiff Weser
Bontekai 5/K.-W.-Brücke
Tel. 0 44 21/7 72 01 72
Juli tgl. ab 11.30 Uhr, sonst Di–So
Solide Küche, Kaffeeterrasse auf dem ehemaligen Brückendeck. ●●●

Dangast 2 und der Jadebusen

Wie Dollart und Leybucht entstand auch der Jadebusen während der schweren Sturmfluten zwischen dem 14. und 16. Jh. Der ständige Flut- und Ebbestrom hilft, die Fahrrinne der Seeschiffe nach Wilhelmshaven frei zu halten. Nur 6 km südlich davon liegt der hübsche Badeort **Dangast**. Den kleinen Sandstrand entdeckten Anfang des 20. Jhs. einige Künstler der Gruppe »Brücke« ursprünglich für sich.

Heute ist Dangast ein belebtes Ganz-Jahres-Nordseebad mit Jod-Sole-Kuren und dem Sole-Freizeitbad **DanGastQuellbad** (Edo-Wiemken-Str. 64, Mai–Sept. tgl. 10–20, sonst Mo–Fr 14–20, Sa, So 10–20 Uhr).

Hier kann man sogar ohne Sichtbehinderung durch Deiche **direkt am Ufer campen** (Tel. 0 44 51/ 91 14 22). Echt gut!

Info

Kurverwaltung Dangast
Am Alten Deich 4–10][26316 Varel
Tel. 0 44 51/91 14 13
www.dangast.de

Hotel

Strand-Hotel
Edo-Wiemken-Str. 59
Tel. 0 44 51/96 68 20
www.strandhotel-dangast.de
Neues Hotel mit Café nahe beim Strand und bei den Kuranlagen. ●●

Restaurant

Kurhaus Dangast
An der Rennweide
Tel. 0 44 51/44 09][Fr–So 9–19 Uhr
Uriges, einfaches Traditionslokal im Wald mit Blick auf den Strand. ●

Halbinsel Butjadingen

Nur 4,5 km Wasserlinie trennen die Halbinsel Butjadingen von Wilhelmshaven, im Sommer verkehrt eine Personenfähre, die auch Fahrräder mitnimmt, nach **Eckwarderhörne** 3 (Juni–Aug. tgl. 9 und 17 Uhr ab Wilhelmshaven, Gegenrichtung 9.45 und 17.45 Uhr, im Mai nur Sa, So, im Sept. Fr–So, www.reederei-warrings.de, Tel. 0 44 21/36 78 08).

Im 5 km entfernten **Tossens** sowie auf der Ostseite der Halbinsel um Burhave und in Fedderwardersiel mischen sich zwischen Bauernhöfe immer mehr große Ferienparks und Ferienhaussiedlungen mit einem riesigen Freizeitangebot für Familien, wie

Echt gut!

Küstendiplome der besonderen Art

- **Boßeldiplom:** Auf der Strecke vom Hafen Harlesiel bis zum Restaurant Pusteblume in Carolinensiel erlernt man in einem regelrechten Intensivkurs das friesische Nationalspiel – traditionelles Essen und Trinken gehören dazu (www.bosseldiplom.de). › S. 20
- **Ostfriesenabitur:** Ball- und Besenwerfen, die friesische Art, Tee zu trinken, Fingerfertigkeit beim Krabbenpulen und Kuhmelken, Padstockspringen (Stabhoch- und -weitsprung über Entwässerungsgräben) und eine flinke Zunge beim Plattdüütsch-Snacken. Das Abitur können Gruppen z.B. als Wochenendprogramm in nur drei Tagen ablegen, Informationen unter www.ostfriesenabitur.de.
- **Wattolümpiade:** Durch viel Matsch erkämpfen sich die Olümpioniken alljährlich im Juli in Brunsbüttel › S. 97 Siege in den Disziplinen Wattfußball, Watthandball, Wolliball und Aal-Staffelauf. Die schmutzige Arbeit und der fröhliche Quatsch im Matsch dienen jedoch einem guten Zweck: der Krebshilfe, www.wattoluempiade.de.
- **Sauerkrautdiplom:** Wer in der Wesselburener Krautwerkstatt das Prinzip der Milchsäuregärung kapiert hat, lernt unter meisterlicher Anleitung Biokohl putzen, vierteln, schnitzeln, wiegen und salzen und dann gekonnt mit der Faust in den Gärtopf drücken. Geballte Ladung Gesundheit mit Diplom, Näheres unter www.kohlosseum.de.

beispielsweise »Ferienpark Nordseeküste«.

Fedderwardersiel 4 im Norden von Butjadingen besitzt noch einen malerischen Fischerhafen; ein Ort, um nach Herzenslust fangfrische Nordseekrabben und Räucherfisch zu schlemmen.

Info

Butjadingen Kur und Touristik
Tel. 0 47 33/92 93 10 (Zentrale)
www.butjadingen.de

Hotels

■ **Ferienpark Nordseeküste**
Tossens][Strandallee 36
Tel. 0 47 36/92 80
www.centerparcs.de
Hotelanlage mit tropischem Freizeitbad. ●●–●●●

■ **Margret Neehuis**
Burhave][Mellumring 46
Tel./Fax 0 47 33/4 72
Geschmackvoll eingerichtete Pension. ●●

Restaurants

■ **Leuchtfeuer Eckwarderhörne**
Auf dem Deich
Tel. 0 47 36/10 39 60
Kunstvolle Eiskreationen, kleine Gerichte, große Aussichtsterrasse. ●–●●

■ **Hof Iggewarden**
Iggewarden][Tel. 0 47 33/3 17
www.hof-iggewarden.de
Frische Kost vom Erlebnisbauernhof mit Hofladen, tgl. ab 11 Uhr. ●

**Bremerhaven 5

Die Autofähre über die Weser in Nordenham-Blexen fährt fast rund um die Uhr (5–22 Uhr, Fahrplan: www.weserfaehre.de) direkt ins Zentrum der zweitgrößten deutschen Hafenstadt (112 000 Einwohner). Und geradewegs zu Bremerhavens Museumsperle, dem ****Deutschen Schiffahrtsmuseum** mit Museumshafen. Dort ist alles liebevoll zusammengetragen und multimedial erläutert, was mit Seefahrt und ihrer Geschichte zusammenhängt. Zu sehen sind u. a. Schiffsveteranen und eine aus dem Jahr 1380 stammende Hanse-Kogge (Hans-Scharoun-Platz 1, Mitte März–Okt. tgl., sonst Di–So 10 bis 18 Uhr).

5 **Havenwelten Bremerhaven

Das Schiffahrtsmuseum ist integriert in die neue komplexe maritime Erlebniswelt **Havenwelten Bremerhaven** (www.havenwelten-bremerhaven.de). Diese umfasst eine Vielzahl neuer und alter Attraktionen zwischen Columbusstraße und Deichpromenade: Im futuristischen ****Klimahaus Bremerhaven 8° Ost** geht man auf eine Reise durch die unterschiedlichen Klimazonen der Welt und erlebt Wetterphänomene hautnah (April–Aug. Mo bis Fr 9–19, Sa, So 10–19, sonst 10 bis 18 Uhr).

Echt gut!

Teil der Havenwelten ist auch das Einkaufszentrum **Mediterraneo** (www.das-mediterraneo.com), wo man im nachempfundenen Ambiente einer mediterranen Stadt mit Piazza, Arkadengängen, und Markt bummeln, einkaufen und gut essen kann.

Bei der Sail Bremerhaven sind Windjammer die Attraktion

Wie ein überdimensionales geblähtes Segel erhebt sich das Atlantic Hotel SailCity, spektakulär ist der Ausblick von der **SailCity-Aussichtsplattform** (April–Sept. tgl. 9–20.30 Uhr, sonst 10 bis 16.30 Uhr).

Das ****Deutsche Auswandererhaus** am Neuen Hafen erinnert an die Schicksale der rund 7 Mio. Auswanderer, die von hier in die Neue Welt gelangten (Columbusstr. 65, März–Okt. tgl. 10–18, sonst 10–17 Uhr).

Sehenswert in den Havenwelten ist auch der ***Zoo am Meer** (H.-H.-Meyer-Str. 5, April–Sept. 9–19, März, Okt. 9–18, sonst bis 16.30 Uhr).

Auf **Hafenrundfahrt** zu den Überseehäfen geht man von der Südkaje im Neuen Hafen aus (www.hafenrundfahrt-bremerhaven.de).

*Fischereihafen

Nach den Havenwelten wartet schon die nächste Erlebnismeile: das **Schaufenster Fischereihafen** südlich der Havenwelten im Fischereihafen I. Restaurants, Cafés, Bistros, Biergärten, Hafenkneipen, Fischkochstudio mit Kochshows und maritime Läden liegen im historischen Teil des Hafens dicht nebeneinander. Man kann Fischräuchern live erleben oder Scholle, Rochen, Katzenhai hautnah im Meerwasseraquarium **Atlanticum** (tgl. 10–18 Uhr) bewundern und vieles mehr. Auf der Barkasse MS Dorsch kann man 80-minütige Fahrten durch den Fischereihafen unternehmen (Mai–Sept. tgl. 11, 12.30, 14.30 und 16, April, Okt. 12 und 14 Uhr). Jeden Tag gibt es bis in die Abendstunden Programm (Infos: Bremerhaven Touristik).

Info

BIS Bremerhaven Touristik
H.-H.-Meier-Str. 6
27568 Bremerhaven
Tel. 04 71/41 41 41
www.bremerhaven.de/tourismus

Hotels

Atlantic Hotel SailCity
Am Strom 1][Tel. 04 71/3 09 90-0
www.atlantic-hotels.de/sailcity/
4-Sterne-Zimmer mit toller Aussicht mitten in den Havenwelten. ●●●

Comfort-Hotel
Am Schaufenster 7
Tel. 04 71/9 32 00
www.comfort-hotel-bremerhaven.de
Gut ausgestattetes 4-Sterne-Hotel am Fischereihafen. ●●●

Restaurants

Seute Deern
Museumshafen (im Schifffahrts-museum)][Tel. 04 71/41 62 64
www.seutedeern.de
Echt gut! Große Auswahl an Fischgerichten. ●●

Schaufenster Fischereihafen
www.schaufenster-fischereihafen.de
Restaurantmeile mit vielen Cafés, Bistros, Biergärten, Fischrestaurants für jedes Budget. ●–●●●

Das Land Wursten

Gleich nördlich von Bremerhavens Containerterminal reihen sich alte Dörfer auf Wurten (künstlichen Erdhügeln), die dem Land Wursten den Namen gaben. Am besten überblickt man Land und Meer vom Ochsenturm, dem mittelalterlichen Kirchturm auf dem Friedhof von **Imsum** 6 am Deich. In **Wremen** 7 steht die mächtigste Kirche der Region, St. Willehadi, ein romanischer Bau aus rheinischem Tuffstein (Mai bis Mitte Sept. Mo–Sa 15.15 bis 16.45 Uhr). Die Feldsteinkirche in **Mulsum** 8 wurde 1250 auf die höchste Stelle der Dorfwurt gebaut und hat einen geschnitzten gotischen Flügelaltar. Die St. Urbanus-Kirche in **Dorum** 9 spiegelt mit dem eleganten Kreuz- und Netzgewölbe den Reichtum der mittelalterlichen Bauern und Fischer wider (April–Sept. Mo–Sa 10–12 und 15–17 Uhr; Mai–Sept. Orgelmusik Do 12 Uhr).

Die kleine Kirche von **Cappel** 10 erwarb 1816 eine kostbare Arp-Schnitger-Orgel und ist Ziel für die Freunde anspruchsvoller Orgelkonzerte (Konzerte im Juni, Sept. und Dez.; Orgelandachten Juli/August Do lt. Aushang). Die Badeorte an der Küste mit modernen Ferienanlagen und Kureinrichtungen sind **Wremen** und **Dorum-Neufeld** 11.

Info

Kurverwaltung Land Wursten
Am Kutterhafen 3][27632 Dorum
Tel. 0 47 41/96 00
www.wursterland.de

Hotel

Ferienpark Dorum
Sieltrift 37][Tel. 0 47 41/3 90
www.cuxland-ferienparks.de
Familienfreundliche Anlage mit Hotel, 225 Ferienhäusern, Restaurants und Animationsprogramm. ●●

*Cuxhaven 12

Große Schiffe kann man in Cuxhaven ebenfalls sehen, aber anders als etwa in Wilhelmshaven passieren sie nur die Mündung des breiten Elbstroms in die Nordsee, d.h. ohne Halt auf dem Weg zum weit entfernten Welthafen Hamburg. 600 Jahre – bis 1937 – behielt Hamburg Cuxhaven unter seinen Fittichen – sicherheitshalber wegen der damals gängigen Piratenüberfälle auf die reich beladenen Hansekoggen.

Wer heutzutage vom berühmten Anleger **Alte Liebe** in Cuxhaven in See sticht, fährt zu näheren Zielen wie Helgoland, den Seehundbänken oder in den Nord-Ostsee-Kanal.

Geschäftig ist dagegen der **Fischereihafen**, der neue wie der alte, in letzterem löschen Krabbenkutter ihren frischen Fang, der in den umliegenden Restaurants und Läden gleich zu leckeren Gerichten verarbeitet wird. Während Teile der baufälligen Kaianlagen des Alten Fischereihafens gesperrt sind, erstrahlen die alten Fischereihallen VII und VIII in neuem Glanz, zusammen mit einem modernen gläsernen Verbindungstrakt: Hier eröffnet Ende 2013 das **Wrack- und Fischereimuseum Windstärke 10** seine Pforten. Hautnah erleben die Gäste u.a. eine stürmische Fangfahrt nach Island, erfahren Wissenswertes zur Fischerei und staunen über Wrackfunde aus den Tiefen der See (tourismus.cuxhaven.de).

Echt gut!

Neben der Fischerei ist Tourismus der wichtigste Wirtschaftszweig. Seit 1816 ist Cuxhaven Seebad und besitzt einen herrlich langen Sandstrand mit Wellenbad und **Thalasso-Zentrum**, und da die bewaldeten Geestrücken bis ans Meer reichen, braucht die

In Cuxhaven wird am Strand Ausschau nach Kreuzfahrtschiffen gehalten

Küste hier keine Deiche. Man hat also schönste Aussicht aufs Meer. Zweitliebste Freizeitbeschäftigung der Gäste sind spannende Exkursionen ins Watt, insbesondere zur Insel Neuwerk.

Info

Nordseeheilbad Cuxhaven
Cuxhavener Str. 92
27476 Cuxhaven
Tel. 0 47 21/40 42 00
tourismus.cuxhaven.de
www.hamburg.de/wattenmeer

Hotel

Badhotel Sternhagen
Cuxhavener Str. 86
Tel. 0 47 21/4 34-0
www.badhotel-sternhagen.de
Luxushotel, beste Strandlage. ●●●

Restaurant

Donner's Hotel
Am Seedeich 2][Tel. 0 47 21/50 90
Gourmet-Restaurant mit Meerblick nahe Alte Liebe. ●●●

Ausflug nach *Neuwerk 13

Wattenmeer live – eindrucksvoller als auf einer **Wattwanderung** zur Insel Neuwerk kann man das ***UNESCO-Welterbe Wattenmeer** kaum erleben. Nur Erfahrene sollten bei richtiger Tide (Start ca. 2 Std. vor Niedrigwasser) und klarem Wetter die Tour über den 11 km langen Wattweg allein unternehmen, sicherer ist sie mit Wattführer. Die Route ist ab **Duhnen** und **Sahlenburg** mit Pricken markiert, etwa 3 m hohen Baumbesen, die das Meer bei Hochwasser bedeckt. In der Ferne ziehen Schiffe vorbei, und mit jedem schmatzenden Schritt nähert man sich dem wuchtigen **Neuwerker Leuchtturm**. Wer nicht so gut zu Fuß ist, kann das Watt per Pferdekutsche überqueren – auch ein Erlebnis! Solche **Wattwagentouren** werden in den Cuxhavener

Hamburgs Vorposten im Wattenmeer

Für Schiffe mit Ziel- oder Abfahrtshafen Hamburg bedeutete die Elbmündung im Mittelalter angesichts von Untiefen und Seeräubern eine äußerst gefährliche Passage – die reich beladenen Hansekoggen waren begehrte Beute. Um Schiffe und Ladung besser zu schützen, brachten die Hamburger im Jahr 1276 die Insel Neuwerk in ihren Besitz und bauten darauf einen mächtigen Beobachtungsturm, der 1814 zum Leuchtturm ausgebaut wurde. Die inzwischen eingedeichte Insel, die Vogelinsel Scharhörn und noch ein Stück Wattenmeer gehören nun seit über 700 Jahren noch immer zu Hamburg. Und so kommt es, dass das einzige noch erhaltene mittelalterliche Bauwerk Hamburgs – der trutzige Turm auf Neuwerk – nicht in der Hansestadt, sondern mitten im Wattenmeer zu finden ist; und dass Hamburg trotz seiner Lage im Binnenland mit dem Hamburgischen Nationalpark Wattenmeer ein eigenes Schutzgebiet (www.nationalpark-wattenmeer.de/hh) an der Nordsee hat.

Ortsteilen Duhnen und Sahlenburg angeboten (auf Neuwerk: Fam. Griebel, Hus achtern Diek, Tel. 0 47 21/2 90 76, www.wattwagenfahrten.de). Bei Flut legt dann für die Rückfahrt die **MS Flipper** in Neuwerk an (Reederei Cassen Eils, Tel. 0 18 05/22 86 61, www.cassen-eils.de), so können sich Wattwanderer noch auf der kleinen Insel umschauen, bevor sie nach Cuxhaven zurückfahren. Alle Gaststätten und das **Nationalpark-Haus** auf der Turmwurt sind zur üblichen Inselbesuchszeit geöffnet.

Restaurant

Zum Anker
Zwischen Fähranleger und Turmwurt
Tel. 0 47 21/2 95 61
Deftige Kost und Rundumblick. ●–●●

6 Ausflug nach **Helgoland 14

Helgoland ist die ungewöhnlichste aller Inseln in der Deutschen Bucht: Ein einsamer, etwas größerer Felsblock mitten in der Nordsee, 60 km vom Festland entfernt, auf dem man zollfrei einkaufen kann. Gerade einmal einen Quadratkilometer klein ist die Insel, entwickelt sich z.Z. zum Offshore-Servicezentrum und zieht 300 000 Besucher im Jahr an, meist Tagesgäste, die ab 10 Uhr wie Heuschrecken einfallen. Um 16 Uhr ist der Spuk vorbei und man genießt die tiefe Ruhe auf der Insel, ausgenommen bei Veranstaltungen wie dem Helgoland-Marathon (Mai), der Nordseewoche (Pfingsten), dem Inselfest (Juli) oder der Bridge-Woche (September).

In den Hummerbuden haben sich Läden und Cafés eingerichtet

Eine echtes Highlight für Naturfreunde sind die **Lummentage** Echt gut! Ende Juni, wenn die noch flugunfähigen Jungvögel der Trottellummen sich vom Brutplatz am Felsen in die Tiefe stürzen, um das Schwimmen zu lernen.

Wer auf Helgoland übernachten möchte, findet eine gute Auswahl an Unterkünften, genießt bestes Hochseeklima und perfekte Kureinrichtungen.

Katamarane und im Winter auch die Fähre laufen direkt im Helgoländer **Südhafen** ein, wenige Schritte entfernt von den farbenfrohen **Hummerbuden**, den ehemaligen Fischer-Geräteschuppen, die sich zu kleinen Läden, Galerien oder Cafés gemausert haben. Unübersehbar ist das moderne Hotel Atoll an der **Landungsbrücke** Ⓐ. Zu diesem breiten Landungssteg schippern die

Börteboote (»Börte« nennt sich die traditionelle Bootskooperation), die die Fahrgäste von den Bäderdampfern und Kreuzfahrtschiffen abholen, die draußen im Meer ankern müssen.

!! An der Landungsbrücke gibt es eine Gepäckaufbewahrung und einen Bollerwagenverleih (Tel. 0 47 25/3 13). Auch Rundfahrten (ca. 45 Min.) mit der gummibereiften elektrischen Inselbahn starten hier.

Unterland und Oberland

Helgoland erstreckt sich auf zwei Ebenen. Im **Unterland** befinden sich Rathaus, Post, Banken, Hotels und Geschäfte, die mit zollfreien Sonderangeboten locken. Die Hauptachse **Lung Wai** endet am (kostenpflichtigen) Fahrstuhl und der öffentlichen Treppe zum **Oberland** B, wo die meisten Insulaner wohnen. Dort oben stehen die beiden Kirchen und die

Eine abenteuerliche Geschichte

Steinzeitmenschen hatten es leicht, Helgoland zu erreichen: Sie spazierten zu Fuß zum Felsen, der ein Teil des Festlands war. In der Bronzezeit war Helgoland bereits eine Insel, und die Kupferadern im roten Gestein wurden als wertvoller Rohstoff ausgebeutet. Jahrhunderte später, um 1000 n. Chr., deckten auch die Wikinger hier ihren Kupferbedarf. Im 12. Jh. schlugen die Friesen auf der Insel ihre Zelte auf. Tatsächlich ist das Helgoländische mit den nordfriesischen Dialekten verwandt. Die Inselbewohner waren meist Fischer, Seeleute und Lotsen.

Durch seine abgeschiedene Lage in der Nordsee war Helgoland ein beliebter Schmuggelplatz – für Seeräuber Klaus Störtebeker im 14. Jh. ebenso wie während der Kontinentalsperre 1806. Später wurde die Insel immer wieder zum Spielball der Nationen: Dänemark, Hamburg, Bremen und Stade, die Schleswiger Herzöge, die Engländer und die Deutschen – alle besaßen und nutzten die Hochsee-Insel für eine gewisse Zeit. Noch unter den Briten avancierte sie 1826 zum Seebad. In der Blüte der Kolonialzeit gab Großbritannien 1890 Helgoland für einen Küstenstreifen im heutigen Kenia und Somalia an Deutschland ab. 1908 bauten es die Deutschen als Marinehafen und 1938 zu einer wahren Seefestung aus. 1945 mussten die Helgoländer, wie schon im Ersten Weltkrieg, ihre Insel räumen. Der britische Versuch, die Insel 1947 zu zerbomben, schlug aber fehl. Helgoland hielt stand. Nach der Rückgabe an Deutschland 1952 musste das lädierte Eiland über 10 Jahre saniert werden, bis es den Helgoländern wieder als Zuhause und Gästen als Ausflugsziel dienen konnte.

Und noch ein Kuriosum: Die deutsche Nationalhymne hat ihren Ursprung auf Helgoland. Viele berühmte Dichter besuchten die Insel. Einer war allerdings nicht ganz freiwillig da: Heinrich Hoffmann von Fallersleben (1797–1874). Wegen seiner nationalliberalen Haltung wurde der Breslauer Literaturprofessor 1841 ausgewiesen und setzte sich auf das damals englische Helgoland ab. Hier, im damaligen Ausland, dichtete er das »Deutschlandlied«.

berühmte **Vogelwarte** C, wo seit über 100 Jahren eine große Bandbreite von Vogelarten beringt wird. Das Oberland ist Grünland, auf dem **Klippenrandweg** hat man es in etwa einer Stunde umrundet.

Einen Besuch lohnt das **Museum** D, es zeigt die facettenreiche Inselgeschichte, im Außengelände erfährt man einiges über den Inseldichter James Krüss. Nebenan steht das Kurmittelhaus mit Meerwasserschwimmbad.

Von hier blickt man auf die ca. 500 m entfernte und von der Insel getrennte **Düne** E, auf der Flugplatz, Campingplatz und Badestrände liegen (Dünenfähre alle 30–60 Min. ab Nordosthafen oder Landungsbrücke).

Naturwunder Helgoland

Die ***Lange Anna** F, der hohe rote Fels an der äußersten Inselspitze, ist das Helgoländer Wahrzeichen. Von Mai bis Juli brütet und lärmt hier auf schmalen Simsen eine Kolonie Dreizehenmöwen. Die benachbarte Felsnase Kastjaal- oder Skitenhörn ist von weißen Basstölpeln und dunklen Trottellummen bewohnt und heißt auch ***Lummenfelsen** G. Er ist eine in Deutschland **einzigartige Seevogelkolonie mit Tausenden von Brutpaaren** (vogelkundliche Führung Di, Do, Sa 16.30 Uhr am Felsen).

Echt gut!

Rundwege zu Geschichte, Kultur und Natur bringen dem Gast die Insel näher. Mit Studien über

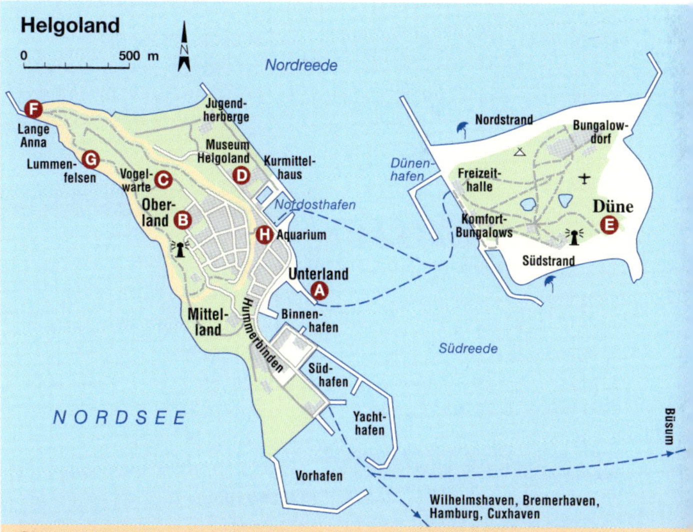

A Landungsbrücke
B Oberland
C Vogelwarte
D Museum
E Düne
F Lange Anna
G Lummenfelsen
H Aquarium

Helgolands Wahrzeichen: die Lange Anna

die Nordsee befasst sich die Biologische Forschungsanstalt, zu ihr gehört das **Aquarium** Ⓗ (Aquariumstr., April–Okt. Mo–Fr 10 bis 17, Sa, So 13–16 Uhr), das die Nordseefauna zeigt.

Info

Helgoland Touristik
Lung Wai 28][27498 Helgoland
Tel. 0 47 25/20 67 99
www.helgoland.de
Zimmervermittlung, Fahrkarten im Filialbüro an der Landungsbrücke.

Anreise

■ **FRS Helgoline**
www.helgoline.de
Schiffe ab Cuxhaven und Hamburg.
■ **Reederei Cassen Eils**
www.helgolandreisen.de
Schiffe ab Büsum, Cuxhaven, Bremerhaven und Wilhelmshaven.
■ **Reederei H. G. Rahder**
www.rahder.de
Schiffe ab Büsum.
■ **OFD**
Tel. 04 71/7 71 88][www.fliegofd.de
Flüge ab Büsum, Cuxhaven/Nordholz und Bremerhaven ca. 2-mal tgl.

Hotels

■ **Rickmers Insulaner**
Am Südstrand 2
Tel. 0 47 25/81 41-0
www.insulaner.de
Stimmungsvolles Urlaubs- und Wellnesshotel mit Hafenblick und lauschigem Garten. ●●●
■ **Hotel Meeresblick**
Am Falm 305][Tel. 0 47 25/8 14 90
www.meeresblick-helgoland.de
Romantisches Hotel im Oberland, 16 elegante Zimmer, z. T. mit Balkon. ●●●
■ **Camping- und Bungalowdorf auf der Düne**
Tel. 0 47 25/76 95][Mai–Mitte Okt.
100 Zelt-Stellplätze, 35 neue Komfort-Bungalows. ● und ●●●

Restaurants

■ **Bunte Kuh**
Am Binnenhafen
Tel. 0 47 25/81 13 43
Gemütliche Kneipe mit Helgoländer Spezialitäten. ●●
■ **Falm Café**
Norderfalm 322a
Tel. 0 47 25/81 11 63
www.terrassencafe-krebs.de
Großartiger Weitblick zu verdientem Kuchen nach dem Aufstieg. ●–●●

Am weitläufigen Strand von St. Peter-Ording

Dithmarschen und die Halbinsel Eiderstedt

Nicht verpassen!

- Schiffe »kucken« an den Schleusen des Nord-Ostsee-Kanals
- Im Sturmflutzentrum Blanker Hans die Naturgewalten der Nordsee nachempfinden
- Die reiche Nordsee-Natur im Wattforum Multimar in Tönning hautnah erleben
- Die Holländerstadt Friedrichstadt auf einer Grachtenfahrt kennen lernen

Zur Orientierung

Nördlich vom großen Trichter der Elbmündung erstreckt sich die schleswig-holsteinische Nordseeküste nach Norden bis zur dänischen Grenze. Am breiten Elbstrom bei Brunsbüttel kann man große Schiffe gleich auf zwei Schifffahrtswegen bewundern: auf der Elbe und in den Schleusen am Nord-Ostsee-Kanal.

Zwischen Kanal und Küste liegen endlose Wiesen, Weiden und grüne Deiche, auf denen hunderte Schafe grasen, das ist Dithmarschen; reiches und stolzes Bauernland, wie es das Museum in Meldorf eindrücklich zeigt. Und Kohlland – 80 Millionen Kohlköpfe ernten die Dithmarscher Jahr für Jahr. Großstädtisches Leben ist nicht ihre Sache, die fünf Städte sind überschaubar: Heide als große Kreisstadt bringt es gerade mal auf 20 000 Einwohner.

Auch die Zahl der Nordseebäder hält sich im Rahmen: Das ruhige Friedrichskoog und das gemütliche Büsum, beide ideal für Familien und Erholungsuchende, die dem grünen Strand, langen Spaziergängen auf dem Deich und Radtouren im flachen Land viel abgewinnen können.

St. Peter-Ording ganz im Westen der Halbinsel Eiderstedt ist dagegen reich gesegnet mit etwas, was es an der Festlandküste Schleswig-Holsteins sonst nirgendwo gibt: einem Sandstrand – und dieser gleich mit den Rekord-Dimensionen von bis zu 2 km Breite und 12 km Länge. Lässt man den prominenten Badeort hinter sich, ist es wieder beschaulich ländlich mit sattgrünen Wiesen, Schafen und malerischen alten Städtchen wie Garding und Tönning. Aus diesem Rahmen fällt nur Friedrichsstadt mit seinem holländischen Flair. Im Multimar Wattforum bei Tönning, im Katinger Watt und beim Eidersperrwerk gibt es höchst spannenden Anschauungsunterricht zu den immensen Naturkräften der Nordsee, zum Küstenschutz sowie zur Fauna und Flora im Nationalpark Schleswig-Holsteinisches Wattenmeer.

Tour in der Region

Beschauliche Halbinsel Eiderstedt

8 St. Peter-Ording › Westerhever › Witzwort › Tönning › Eider-Sperrwerk › Garding › Tating › St. Peter-Ording

Dauer: 1 Tag, 75 km Rad- oder Autotour

Praktische Hinweise: Eine gemächliche Rundfahrt überwiegend auf Nebenstraßen mit vielen Stopps.

Von ***St. Peter-Ording** › S. 104 führt die Rundfahrt zunächst

Richtung Norden zum weißroten **Leuchtturm von Westerheversand**, dem Wahrzeichen Eiderstedts. In den Häuschen links und rechts vom Turm liegen Seminargebäude und Infozentrum der Schutzstation Wattenmeer (www.schutzstation-wattenmeer.de).

Von dort geht es nach Osten, nächstes Ziel: **Witzwort**, hier lohnt die Kirche einen Zwischenstopp. Anschließend empfiehlt sich eine Kaffeepause im historischen Bauernhof **Der Rote Haubarg**, ein typischer Eiderstädter Bauernhof mit Museum (Sand 5, www.roterhaubarg.de).

Weiter geht es nun in südlicher Richtung zum traditionsreichen Hafenstädtchen **Tönning** › S. 105 an der Eider. Nach der Mittagspause ist man gestärkt für das ****Multimar Wattforum** › S. 105, für das man sich mindestens 2 Stunden Zeit nehmen sollte.

Gut informiert über Nordsee, Wattenmeer und Küstenschutz gelangt man dann zum noch jungen Katinger Watt am ***Eider-Sperrwerk** › S. 106, dem größten deutschen Küstenschutzbauwerk. Die Rückfahrt führt durch die alten Eiderstedter Kirchorte **Garding** und **Tating** zurück nach St. Peter-Ording.

Idyllisches Tönning

Unterwegs in Dithmarschen

Brunsbüttel 1

Wer sich nicht satt sehen kann an großen Schiffen, der ist in Brunsbüttel an der richtigen Stelle. Der aufstrebende Industrieort liegt an der Elbmündung und direkt an der Einfahrt zum ***Nord-Ostsee-Kanal**, der sich von seiner Inbetriebnahme 1895 bis heute zur meist befahrenen künstlichen Seeschifffahrtsstraße der Welt entwickelt hat. Sozusagen zum Greifen nahe fahren die großen Pötte hier in die Schleusenanlage. Rund 35 000 größere Schiffe im Jahr passieren die Schleuse auf ihrem Weg zur Ost- bzw. Nordsee. Eine Besucherrampe erleichtert das Zuschauen; die Ausstellung im **Atrium** nebenan verdeutlicht das Kanalgeschehen von Brunsbüttel bis Kiel (Gustav-Meyer-Platz, Informationen zu Führungen unter Tel. 0 48 52/ 88 50).

Hier an der **Schleusenmeile** entwickelt sich ein interessanter Besuchermagnet; bis 2020 entsteht zwischen den beiden bisherigen Schleusen eine dritte, größere Schleuse.

Hier im alten Dorfkern erfährt man im **Heimatmuseum** Wis-

Interessant ist der Betrieb an den Schleusen im Nord-Ostsee-Kanal

senswertes über die 600 Jahre Geschichte der Stadt (Markt 4; März–Okt. Di, Do, Sa, So 14.30 bis 17.30 Uhr, Mi 10–12 Uhr).

Schiffstouren auf Kanal und Elbe bietet PSB (Personenschifffahrt Brunsbüttel), außerdem Fahrten mit der Personenfähre (auch für Räder) durch die Schleuse von Brunsbüttel nach Cuxhaven (Mai–Okt. nur Di, Do, je 2 Abfahrten in beide Richtungen, PSB, Tel. 0 48 23/9 26 10, www.psb-brandt.de).

Echt gut!

Alle Fähren über den Nord-Ostsee-Kanal sind für Personen und Pkw kostenlos.

8
Beschauliche Halbinsel Eiderstedt **St. Peter-Ording › Westerhever › Witzwort › Tönning › Eider-Sperrwerk › Garding › Tating › St. Peter-Ording**

Info

■ **Tourist-Info**
Gustav-Meyer-Platz 2
25541 Brunsbüttel
Tel. 0 48 52/83 66 24][www.schleusenmeile-brunsbuettel.de

■ **Wasser- und Schifffahrtsamt Brunsbüttel**
www.nok-wsa.de
Informationen und Videos zum Nord-Ostsee-Kanal.

Hotel

Zur Traube
Markt 9][Tel. 0 48 52/5 46 10
www.zur-traube-brunsbuettel.de
Gemütliches Hotel mit modernem Komfort, gepflegtem Restaurant und Bierstube. ●●

Marne 2

Kaum zu glauben, vor 2000 Jahren reichte das Meer hier in **Dithmarschen** noch weit ins Hinterland bis an die heutige Bundesstraße B5. Der kleine Warftenort Marne besaß noch bis 1787 einen eigenen Hafen. Vom Jugendstil-Rathaus und der **Maria-Magdalenenkirche** mit dem hohen, spitzen Turm sind es ein paar Schritte zum **Heimatmuseum**, das der örtliche Skatclub liebevoll aufgebaut hat (Museumsstr. 2, Di–Fr, So 14.30–18 Uhr). In der Region bekannt ist das Marner Bier, das Beugelbuddelbeer der **Brauerei Hintz**, abgefüllt in Bügelflaschen (Gruppenführungen Sa, Tel. 0 48 51/96 20).

Info

Touristik Marne-Marschenland
Deichstr. 2][25709 Marne
Tel. 0 48 51/95 76 86
www.urlaubandernordsee.de

Restaurant

Stadtcafé
Königstr. 8–10][Tel. 0 48 51/30 92
Café und Biergarten, im Zentrum. ●

Friedrichskoog 3

Riesige Kohlfelder durchquert man bis zum jüngsten Deich der Küste, fruchtbares Land, das die Dithmarscher in Jahrhunderten dem Meer abgerungen haben. Vor den alten Deichen entstanden neue und ermöglichten damit neue Köge. Zur Erntezeit im September wollen hier 80 Millionen Köpfe geerntet sein. Das wird dann fröhlich während der **Dithmarscher Kohltage** gefeiert.

Echt gut!

Am winzigen Hafen von Friedrichskoog kümmert sich eine **Seehundstation** um kranke Robben und Heuler, das sind junge Seehunde, die ihre Mutter verloren haben (An der Seeschleuse 4, Tel. 13 72, März–Okt. tgl. 9–18, sonst 9–16 Uhr, www.seehundstation-friedrichskoog.de).

Weit über 10 000 Seehunde leben im schleswig-holsteinischen Nationalpark Wattenmeer. Die **Schutzstation Wattenmeer** bietet Vorträge und Führungen an (Am Hafen, Tel. 0 48 54/92 98; April bis Okt. Fr, So 14–17 Uhr).

Friedrichskoog-Spitze

Im ruhigen und familienfreundlichen Nordseeheilbad Friedrichskoog-Spitze gruppieren sich gemütliche Ferienhäuser und Ferienwohnungen um eine Landspitze mit weiter Aussicht vom grünen Deich-Strand. Neben Baden sind Wattwanderungen, Radtouren durch die flachen Köge, Deichspaziergänge und Vogelbeobachtung angesagte Aktivitäten. Die streng geschützte Vogelinsel Trischen, die nicht einmal Wattwanderer betreten dürfen, liegt 10 km weit im Wattenmeer.

Info

Tourismus-Service
Koogstr. 141][25718 Friedrichskoog
Tel. 08 00/2 02 00 60
www.friedrichskoog.de

Hotel

Möven-Kieker
Strandweg 6
Tel. 0 48 54/9 04 08 70
www.moeven-kieker.de
Strandnahes Hotel und Café. ●●

Restaurant

Urthel
Hafenstr. 71][Tel. 0 48 54/2 91
Hafenbistro, Fischdelikatessen aus eigener Räucherei. ●–●●

*Meldorf 4

Der Meldorfer »Dom« ist eigentlich eine Pfarrkirche, ***St. Johanniskirche** (13. Jh.), aber mit den Ausmaßen eines Doms. Von weither sichtbar, unterstreicht er die Bedeutung des früheren Hafen- und Hauptorts von Dithmarschen. Von 1227 bis 1447 versammelte sich hier der Rat der freien Bauern. Sehenswert sind u. a. die gotischen Kuppeln im Innenraum und die restaurierten mittelalterlichen Gewölbemalereien.

1200 Jahre bewegte Geschichte der alten Dithmarscher Bauernrepublik und ihrer ursprünglich sächsischen Bevölkerung (ab etwa 8. Jh.) rollt das **Dithmarscher Landesmuseum** sehr anschaulich auf (Bütjestr. 2–4, www.landesmuseum-dithmarschen.de; Ostern bis Okt. Mo–Fr 10–16.30, Sa, So 11–16 Uhr). Einen erfrischend lebendigen Einblick in das bäuerliche Leben und Arbeiten gibt auch das **Landwirtschaftsmuseum** (Am Jungfernstieg 4, www.landwirtschaftsmuseum-schleswig-holstein.de; Mai–Okt. Di bis Fr 9.15–16, Sa, So 11–16 Uhr).

Speicherkoog

Meldorfs moderner Hafen beherbergt Jachten und liegt 8 km westlich im Schutz des neuen Seedeichs. Dort entstand am **Speicherkoog** ein beliebtes Surfareal. Per Auto kann man direkt an den ausgedehnten Freizeitsee heranfahren, auspacken – und los geht's. Die **Wind- und Kitesurfschule** Echt gut! befindet sich direkt am Surfrevier, Tel. 01 79/ 4 52 00 16.

Naturinteressierte zieht es hier zum »Wattwurm« – Spitzname für das nicht nur architektonisch attraktive **Informationszentrum** des Nationalparks Wattenmeer mit dem stets zugänglichen, barrierefreien Naturlehrpfad (Meldorfer Hafen, Tel. 0 48 32/62 64, März–Okt. Fr–So 12–17 Uhr).

Info

Fremdenverkehrsverein
Nordermarkt 10][25704 Meldorf
Tel. 0 48 32/9 78 00
www.meldorf-tourismus.de
www.speicherkoog-dithmarschen.de

Seehundstation Friedrichskoog

Hotel

Zur Linde
Südermarkt 1][Tel. 0 48 32/9 59 50
www.linde-meldorf.de
Flair-Hotel im historischen Zentrum, Restaurant mit Dithmarscher Spezialitäten. ●●

*Heide 5

Bis 1559 währte die freie Bauernrepublik Dithmarschen. Nach heftigem Streit mit den Meldorfern trafen sich die 48 Ratsleute ab 1447 fortan in Heide, und dann kehrte Frieden ein: In allen geraden Jahren wird der **Heider Marktfrieden** als großartiges Mittelalterspektakel gefeiert (jeweils am 2. Juliwochenende, www.heider-marktfrieden.de).

Echt gut!

Heide ist mit 20 000 Einwohnern nicht nur die größte Stadt Dithmarschens, auch der sonnabendliche Markt findet auf dem größten Marktplatz Deutschlands statt. Am Rand des riesigen Platzes ist die **St.-Jürgen-Kirche** (15./17. Jh.) nicht zu verfehlen. Das kopfsteingepflasterte Sträßchen Lüttenheid versammelt mehrere Stätten der Kultur: Nr. 34 ist das Stammhaus der Familie des Komponisten Johannes Brahms (April–Okt. Di, Do, Fr 14.30–16.30, Sa 10.30–12.30 Uhr). Die **Museumsinsel Lüttenheid** umfasst das Geburtshaus des Mundartdichters Klaus Groth und das Heimatmuseum in der Alten Schmiede und im Alten Pferdestall (Nr. 40–48, Di–Do 11.30–17, Fr 11.30–14, Sa 14–17 Uhr).

Am Büsumer Strand

Info

Tourist-Info
Alter Markt 28][25746 Heide
Tel. 04 81/2 12 21 60
www.heide.de

Hotel

Heider Hof
Markt 74][Tel. 04 81/85 08 50
www.heider-hof.de
Gutbürgerliches Hotel am historischen Marktplatz. ●●

Restaurant

Café im Alten Pastorat
Markt 28][Tel. 04 81/77 50 25 25
Reizendes Café in historischem Bau von 1739, mit Garten. ●●

*Büsum 6

Vor 400 Jahren noch eine Insel im Wattenmeer, liegt Büsum nun auf dem Festland, ist Nordseeheilbad und geschäftiger Hafen an der schleswig-holsteinischen Westküste, hier stechen Fischer- und

Ausflugsboote sowie Helgolandschiffe in See. Diese Atmosphäre gefällt den Feriengästen: im **Museumshafen** Krabben direkt vom Kutter kaufen und dank der Schutzstation Wattenmeer viel übers Meer lernen (Fischereihafen 5, Programm: www.schutzstation-wattenmeer.de).

Im Erlebniszentrum ***Sturmflutenwelt Blanker Hans** erfährt man hautnah, wie es bei schweren Orkanen an der Nordsee zugeht (Dr.-Martin-Bahr-Str. 7, www.blanker-hans.de. April–Okt. tgl. 10–18 Uhr, sonst bis 17 Uhr). Bei Niedrigwasser geht's zum Wattwandern oder in die Thalasso- und Wellnessoase **Vitamaris Büsum** (Südstrand 5) bzw. nebenan ins Erlebnisbad **Piraten-Meer**. Das **Museum am Meer** zeigt Wissenswertes zur Küstenfischerei und zu den Anfängen des Tourismus (Fischereihafen 19, März bis Okt. Di–Fr, So 11–17, Sa 13 bis 17 Uhr).

Info

Tourist-Information
Südstrand 11][25761 Büsum
Tel. 0 48 34/90 91 14
www.buesum.de

Hotels

■ **Dithmarscher Haus**
Holstenstr. 6–8][Tel. 0 48 34/98 80
www.hotel-dithmarscher-haus.de
Gemütliches Familienhotel, gutes Restaurant. ●●

■ **Jugendherberge**
in Hafennähe, Dr.-Martin-Bahr-Str. 1
Tel. 0 48 34/9 33 71
Hat auch gute Einzelzimmer. ●

Restaurant

Zur Barkasse
Werftstr. 2][Tel. 0 48 34/27 60
Bodenständige Dithmarscher Kost, leckerer Fisch. ●–●●

*Wesselburen 7

Den höchsten Punkt dieses Städtchens mit seinen Kopfsteinpflastergassen markiert die **Bartholomäuskirche** (März–Okt. tgl. 10–18 Uhr). Friedrich Hebbel ist Wesselburens berühmtester Sohn, ihm ist in einem Gebäude von 1737 ein Museum gewidmet (Österstr. 6, Tel. 0 48 33/ 41 90; Mai bis Okt. Di–Do 11–13, 14–17, Fr bis So 11–13, 14–16 Uhr).

An einem Regentag sind große und kleine Kinder bestens aufgehoben im Indoorspielpark **PELOTERO Fun-City** am Nordrand der Stadt (pelotero.de).

Und im **Kohlosseum** lernt man fast alles über Dithmarschens wichtigstes Gemüse (Bahnhofstr. 22 a, www.kohlosseum.de, Tel. 0 48 33/4 58 90, Di–Do 14 bis 17 Uhr). Echt gut!

Info

Tourismusbüro
Am Markt 5
25764 Wesselburen
Tel. 0 48 33/41 01
www.nordseebucht.de

Restaurant

Café am Windpark
Koogchaussee 3][Tel. 0 48 34/22 42
April–Okt. Do–Di 13–17.30 Uhr
Alles Bio im Biohof, Bio-Gerichte und hausgebackene Kuchen. ●–●●

Unterwegs auf Eiderstedt

*St. Peter-Ording 8

So herrlich weißen Sandstrand findet man sonst nur auf den Inseln der Nordsee: 12 km lang und bis zu 2 km breit. Das hat Vor- und Nachteile, denn bis zum Wasser muss man weit gehen, lange Bohlenwege und Brücken, teilweise auch Fahrradstege führen dorthin. Über dem breiten **Strand** thronen auf den über 5 m hohen Pfahlkonstruktionen eine Reihe netter Cafés und Restaurants sowie die Häuschen der DLRG-Aufsicht.

Wie der Strand, so zieht sich auch die Ortschaft von Ording im Norden über St. Peter-Bad und St. Peter-Dorf zum Ortsteil Böhl im Süden in die Länge. Je nach Publikum hat jeder der insgesamt fünf Strandabschnitte seine eigene Note. In **Ording** tummeln sich FKK-Freunde, Strandsegler und Surfer, während am weitläufigen Strandabschnitt auf der Höhe von **Bad** sich die Ruhebedürftigen aalen, südwärts folgen Familien mit Kindern.

Ungewöhnlich, aber wegen der weiten Entfernung zum Wasser kann man im Sommerhalbjahr zu drei der fünf Badestellen mit dem Auto auf den Strand fahren, zur Badestelle Böhl im Süden zur Badestelle Ording und zur Badestelle Ording-Nord/FKK, dort stehen jeweils gebührenpflichtige Parkplätze zur Verfügung.

Im Übrigen bietet St. Peter-Ording alles, was es für einen anspruchsvollen Kur- oder Nordsee-Urlaub braucht, plus interessante **Strand-Trendsportarten** wie Katamaran- und Strandsegeln, Kitebuggyfahren, Wind- und Kitesurfen, mit dem Oceankajak paddeln, Strandreiten, aber auch Profaneres wie Walking, Beachvolleyball und jede Menge Fitnessangebote. **Sogar an Rollstuhlfahrer ist gedacht, sie können spezielle Strandrollstühle mieten** und somit am Strandleben teilnehmen.

Echt gut!

Auch das Kur- und Medical-Wellness-Angebot ist umfassend: **Nordsee-Fitnesspark**, Gesundheits- und Wellnesszentrum und Kliniken. In St. Peter-Ording sprudelt die einzige **Schwefelsole-Quelle** Schleswig-Holsteins – gut bei Hautkrankheiten –, die die heilklimatischen und Meerwasserkuren gut ergänzt.

Info

Tourismus-Zentrale
Maleens Knoll 2
25826 St. Peter-Ording
Tel. 0 48 63/99 90
www.st.peter-ording-nordsee.de

Hotel

Ambassador
Im Bad 26][Tel. 0 48 63/70 90
www.hotel-ambassador.de
Modernes Hotel in Strandnähe. ●●●

Karte Seite 98

Am Strand von St. Peter-Ording

Restaurants

■ **Aalernhüs**
im Hotel Aalernhüs
Friedrich-Hebbel-Str. 2
Tel. 0 48 63/70 10
Zelebriert Themenbüfetts und stimmungsvolle Grillabende. ●●●

■ **Friesenstube**
Dünenweg 14][**Tel. 0 48 63/35 00**
Rustikales Ambiente und feine friesische Küche, Salzwiesenlamm muss vorbestellt werden. ●●

*Tönning 9

Das uralte Warfendorf liegt an der Eider kurz vor der Mündung in die Nordsee. Sein malerischer Hafen aus dem 14. Jh. blickt auf eine bewegte Geschichte. Heute dient er noch als Fischerei- und Sportboothafen. Das mächtige **Packhaus** von 1873, ein ehemaliger Speicher (Ausstellung zur Stadtgeschichte, Mai–Sept. Di–Fr 10 bis 12, 14–17, Sa 10–12, So 14 bis 17 Uhr nachmittags), sowie etliche ansehnliche Handelshäuser im Hafen aus dem späten 18. und frühen 19. Jh. erinnern noch an die goldenen Zeiten, als Tönning von der ersten Nordsee-Ostsee-Verbindung über die Eider und den Eiderkanal profitierte. Aus alter Zeit stammen auch der **Marktbrunnen** von 1613 sowie einige Stufengiebelhäuser in der Neustraße. Sehenswert ist die Kirche **St. Laurentius** (12. Jh.) mit ihrer barocken Ausstattung.

Vom Hafen in Tönning kann man **Schiffsausflüge über die Eider zu den Seehundbänken** inklusive Schleusung am Eidersperrwerk unternehmen (Adler-Schiffe, Tel. 0 18 05/12 33 44, www.adler-schiffe.de). Echt gut!

7 **Multimar Wattforum

Tönnings bedeutendste Attraktion ist das Multimar Wattforum. Im größten und umfangreichsten Informationszentrum des Nationalparks Schleswig-Holsteinisches Wattenmeer lernen Groß und Klein multimedial und spielerisch die Natur an der Nordsee kennen: Naturkräfte zum Anfassen wie beispielsweise Brandungswellen selbst erzeugen, Vogelzüge puzzeln oder mit einem Pottwal um die Wette rennen (Am Robbenberg, Tel. 0 48 61/9 62 00, www.multimar-wattforum.de, April bis Okt. tgl. 9–18, sonst 10–17 Uhr).

Info

Tourist-Info
Am Markt 1][25832 Tönning
Tel. 0 48 61/6 14 20
www.toenning.de

Restaurant

Schankwirtschaft Wilh. Andresen
Katingsiel][Tel. 0 48 62/3 70
www.schankwirt.de
In dem urigen Reetdachhaus muss man **Matjes- oder Krabbenbrot und leckeren Eiergrog probieren.** ●–●●

Echt gut!

Ausflug zum *Eider-Sperrwerk 10

Sturmfluten sind die größte Bedrohung an der Küste, aber nicht nur dort. Über die Zuflüsse in die Nordsee dringen die Fluten auch ins Hinterland und richten dort größte Verwüstungen an. Statt die Deiche an der Eider, dem zweitgrößten Fluss Schleswig-Holsteins nach der Elbe, weiter zu erhöhen, baute man von 1967 bis 1972 das Eidersperrwerk (www.wsv.de/wsa-toe) direkt an der Eidermündung in die Nordsee. Es ist Deutschlands größtes Küstenschutz- und Jahrhundertbauwerk, ein Wunderwerk der Technik. Fünf Sieltore von je 40 m Länge lassen bei Ebbe das Eiderwasser in die Nordsee bzw. bei Flut das Nordseewasser in die Eider fließen. Über den Sperrwerk-Damm

Treppengiebelhäuser am Marktplatz von Friedrichstadt

führen eine Straße und ein Fußweg. Durch die parallel zum Nordufer liegende Schleuse kommen die Schiffe in die Nordsee bzw. von dort in den Hafen von Tönning.

Durch die Anlage verlandete binnendeichs ein Teil des Eiderlaufs und ließ so das **Katinger Watt** entstehen, das heute ein vielseitiges Freizeit- und interessantes Vogelschutzgebiet ist. Dort befindet sich auch das **NABU-Naturzentrum Katinger Watt** im Lisa-Hähnle-Haus (Katingsiel 14, Tel. 0 48 62/80 04, April–Okt. tgl. 10–18 Uhr, www.nabu-katinger-watt.de) mit reichhaltigem Programm, natur- und vogelkundlichen Exkursionen, Kinderführungen, Vogelbeobachtungsturm, Filmen und Bibliothek.

Echt gut!

Mit dem vergünstigten **Kombiticket »3 in Einem«** kann man neben dem NABU auch das Multimar Wattforum und die Seehundstation Friedrichskoog besuchen (13,20 € pro Person, 36 € für Familien).

8 Ausflug nach **Friedrichstadt 11

Holländische Glaubensflüchtlinge mit Kapital und Know-how sollten ab 1621 am Zusammenfluss von Treene und Eider für den Gottorfer Herzog Friedrich III. eine Hafenstadt schaffen. Doch das »Klein-Amsterdam« mit seinen Grachten (Kanälen) und Treppengiebelhäusern wollte nicht so recht aufblühen. Im 20. Jh. jedoch putzten die Friedrichstädter ihre attraktive Hollandstadt heraus. Die meisten Sehenswürdigkeiten erschließt eine **Grachtenfahrt** (am Markt). Die **Alte Münze** in niederländischer Backstein-Renaissance beherbergt das Historische Museum mit Sammlungen zur Stadtgeschichte (Am Mittelburgwall 23, Mai bis Sept. Di–So 11–17 Uhr).

Echt gut!

In der glaubenstoleranten holländischen Gemeinde haben Lutheraner, Katholiken, Mennoniten, Juden und Remonstranten ihre Spuren u. a. in Form ihrer Gotteshäuser hinterlassen, wie u. a. die erhabene **Remonstrantenkirche** zeigt.

Info

Tourismusverein
Am Markt 9
25840 Friedrichstadt
Tel. 0 48 81/9 39 30
www.friedrichstadt.de

Hotel

Herzog Friedrich
Schmiedestr. 11a
Tel. 0 48 81/17 71
www.herzog-friedrich.de
Schnuckeliges Altstadtquartier mit Café-Restaurant. ●–●●

Restaurant

Holländische Stube
Am Mittelburgwall 24–26
Tel. 0 48 81/9 39 0-0
www.hollaendischestube.de
Eiderstedter Spezialitäten in holländischem Haus des 17. Jhs., Terrasse an der Gracht. ●●

Special

So tafeln die Friesen

Friesische Küche ist einfach, aber recht gehaltvoll, die Zutaten stammen aus der Region, sie sind frisch und dank der steten Meeresbrise auch weitgehend unbelastet.

Nordsee-Krabben

Krabben serviert man z. B. auf dick gebuttertem Roggenbrot: **Schwarzbrot mit Granat** macht nicht nur satt, sondern bekommt durch frischen Dill die besondere Note. Auch zum **Friesentartar** gehören die Nordseegarnelen: Man mischt sie mit fein gehacktem Matjes, Äpfeln, sauren Gurken, Radieschen und Dill. Grundlage ist hier Kartoffelpuffer (Reibekuchen). Nicht nur in Büsum gibt es **Büsumer Krabbensuppe**: reichlich Krabben in einer feinen Gemüsebrühe mit viel Butter und Sahne.

Kohl in allen Variationen

Während der **Dithmarscher Kohltage** – eine Woche lang im September – servieren die Gaststätten Dithmarschens eine Fülle an kreativen Kohlgerichten (www.kohltage-dithmarschen.de) wie Krautsalat mit Kapuzinerkresse, Ditmarscher Ananas (Gelbe Rübe) und Gewürzen oder überbackener Weißkohl mit u. a. Reis, Hackfleisch, Paprikagewürz und Sahne.

Erst später im Jahr ist **Grünkohlzeit**, denn die »ostfriesische Palme« (Grünkohl) schmeckt besonders gut, wenn sie nach dem ersten Frost geerntet wird. Dann isst man Kohl mit Pinkel, einer fetten Grützwurst.

Was man in Ostfriesland **Updrögt Bohnen** nennt, ist Nationalgericht, ebenfalls sehr fetthaltig, dazu gehören durchwachsener Speck und Mettwurst und getrocknete Bohnen, gut eingeweicht und lange genug gekocht.

Lamm frisch vom Deich

Was den Dithmarschern die Kohltage, sind den Nordfriesen die **Lammtage** – die werden allerdings rund drei Monate lang gefeiert, von Mai bis Juli. Schäfereien und Lammspezialisten laden zu Salzwiesen- oder Deichlamm ein. Fast täglich gibt es Vorträge und Führungen zu Schafhaltung und Schafprodukten, dazu leckere Lammgerichte (www.lammtage.de).

Süßes an der Küste

Während in Ostfriesland zum Nachmittagstee **Butterkuchen** – Hefeteig mit Zucker und reichlich Butterflöckchen obendrauf – und **Rosinen- bzw. Korinthenstuten** (Stuut = Hefebrot) gereicht wird, ist die nordfriesische **Friesentorte** eine echte Kalorienbombe: Auf einen Mürbeteigboden ist dick Pflaumenmus, steife Sahne und Blätterteig aufgeschichtet und obenauf noch ein gezuckertes Blätterteigdreieck plus Backpflaume.

Wärmende Getränke

Nach einem langen Spaziergang auf windigen Deichen ist **Tee** mit einem kräftigem Schuss Rum genau richtig. Wer einen **Pharisäer** bestellt, erhält einen Becher heißen Kaffee mit Rum (4 cl) wirkungsvoll getarnt mit einer dicken Schlagsahnehaube obendrauf. Man kann ihn mittlerweile fast überall in Nordfriesland und nicht nur auf Nordstrand genießen, wo er erfunden wurde, um dem Pastor alkoholfreien Kaffee vorzugaukeln (www.pharisaerhof.de).

Bei einem **Grog** handelt es sich um gesüßtes heißes Wasser mit Rum, die Mischung soll bei Sturm und Kälte alle Lebensgeister wecken. Unter Kennern heißt es: Rum muss, Zucker kann, Wasser braucht nicht unbedingt.

Eiskalt serviert werden Aquavit oder Korn. Bestellt man **Lütt un Lütt,** erhält man ein Bier zusammen mit einem Schnaps. Bohnen sucht man in der ostfriesischen **Bontjesupp** (Bohnensuppe) vergebens – das hochprozentige Süßgetränk mit in Branntwein eingelegten Rosinen wird zu Festen gereicht.

Nordfriesland von Husum bis Sylt

Nicht verpassen!

- Auf einer Schiffstour zur Hallig Hooge die magische Welt der Halligen erleben
- Strandwandern auf Amrums breitem und langem Kniepsand
- Im Föhrer Museum »Kunst der Westküste« schauen, wie Künstler die Nordsee sehen
- Am Roten Kliff auf Sylt den Sonnenuntergang erleben

Karte
Seite 114

Zur Orientierung

Husum, die Halligen und die nordfriesische Inselwelt bestätigen in etwa das Bild, das man im Kopf hat, wenn man Theodor-Storms »Schimmelreiter« gelesen hat. Tatsächlich hat dieser Nordseeabschnitt zu jeder Jahreszeit, speziell auch im Herbst und Winter einen unvergleichlichen Reiz, wenn etwa die fahle Sonne die Dünen und Sandstrände auf den Inseln in geheimnisvolles silbernes Licht taucht oder Stürme über Wasser und Land fegen und an den Fensterläden rütteln, während man sich drinnen nach einem langen Spaziergang am Meer bei einem Pharisäer aufwärmt.

Dabei ist Husum alles andere als die »graue Stadt am Meer«. Ihre romantische Altstadt, der gemütliche Hafen, das Dichtermuseum sollte man nicht links liegen lassen, wenn man zu den Nordfriesischen Inseln und Halligen fährt. Diese schmiegen sich wie eine mehrreihige Perlenkette vors Festland bis hinauf zur dänischen Grenze. Den Anfang macht Nordstrand, das durch einen Damm nördlich von Husum mit der Küste verbunden ist. Ein Blick auf die Karte und man ahnt, dass die heutige Inselwelt noch vor ein paar Jahrhunderten Festland war, bevor die raue Nordsee Teile davon in die Tiefe gerissen hat. Von Nordstrand fahren die Fähren zur Insel Pellworm und bei guter Sicht sieht man die Halligen. Wer Ruhe und Erholung sucht, kann auf den nordseeumspülten und gelegentlich im Winter überspülten Halligen, z. B. auf Hooge, eine Ferienwohnung buchen – gut abgesichert gegen »Land unter« auf halligtypischen Warfthäusern.

Der Strand am Roten Kliff auf Sylt

Die drei großen Geestinseln Amrum, Föhr und Sylt sind so unterschiedlich, dass jede von ihnen ihre speziellen Fans hat. Sandstrände finden sich im sattgrünen Föhr nur im Süden, dafür ist die Insel eine klassische Familien- und Fahrraddestination mit bildhübschen Friesendörfern. Amrum, mit derselben Fährlinie wie Föhr vom Festlandshafen Dagebüll aus erreichbar, ist Natur pur, ein Schlaraffenland für heimische Vögel und Scharen von Zugvögeln. Ein Drittel der Insel nimmt der bis zu 2 km breite und über 10 km lange Strand Kniepsand ein, der Rest der Insel besteht aus reizvoller Dünenlandschaft, Wald und Watt sowie den Orten Wittdün, Nebel und Norddorf.

Sylt ist die vielfältigste der Nordfriesen-Inseln. Sie bietet weit mehr als prickelnde Events, heiße Strandpartys und Promi-Image, für die die größte deutsche Insel berühmt ist. Nämlich herrliche Strände, Dünen, viel Meer, wilde Heide- und Wattlandschaften, auch einsame Natur im Norden, und viel Kunst und Kultur.

Kein anderer Maler hat die nordfriesischen Stimmungen farbiger und dramatischer auf Leinwand verewigt als Emil Nolde, ein Besuch des Nolde-Museums in Seebüll mit einem Blick über die Grenze ins dänische Tønder sollte man nicht versäumen.

Touren in der Region

An der nordfriesischen Küste

9 Husum › Nordstrand › Hamburger Hallig › Schlüttsiel › Dagebüll › Seebüll › Niebüll

Dauer: 1 Tag, 102 km per Auto und 8 km zu Fuß bzw. per Rad
Praktische Hinweise: Bis auf wenige Ausnahmen fährt man auf ruhigen Landstraßen. Zur Hamburger Hallig ist es ein schöner Spaziergang durch die Salzwiesen oder eine kleine Radtour, Fahrradverleih gibt es am Deichübergang. Pkw zahlen eine Mautgebühr.

Von der nördlichen Ortsausfahrt in ***Husum** › S. 116 führt eine Straße zum Damm auf die Insel **Nordstrand** › S. 117. Auf der Westseite der Insel in **Strucklahnungshörn** › S. 117 gehen die Fähren zur Insel Pellworm ab. Vom Norderhafen sieht man schon in der Ferne die kleine Hallig **Nordstrandischmoor** › S. 119, deren Bauernhäuser eigenartig über dem Wasser zu schweben scheinen. Zurück an der Festlandküste geht die Fahrt via Hattstedt durch mehrere Köge zum Sönke-Nissen-Koog, wo nach wenigen Kilometern die Straße abzweigt zum Parkplatz für die ***Hamburger Hallig** › S. 119. Den 4 km langen Weg durch die Salzwiesen mit ihrer reichen Vogelwelt legt man vorzugsweise zu Fuß oder mit dem Rad zurück, am Zielpunkt gibt es eine verdiente Pause im Hallig-Krog.

Zurück an Land passiert man im Schutz des Deichs die kleine Straße zum Fährhafen **Schlüttsiel** › S. 120 (Fähren zu den Halligen) und kurz darauf zum Hafen **Dagebüll** › S. 122, wo die Schiffe nach Föhr und Amrum ablegen. Ein Blick vom Deich auf Schiffe und Meer, und die Autofahrt geht weiter durch die weiten Köge zum ****Nolde-Museum** in **Seebüll** › S. 140 im Norden, fast an der dänischen Grenze. Den Tag lässt man geruhsam im Luftkurort **Niebüll** ausklingen.

Große Fahrradrundfahrt auf **Föhr

10 Wyk › Oevenum › Oldsum › Borgsum › Goting-Kliff › Nieblum › Alkersum › Boldixum › Wyk

Dauer: 1 Tag, 30 km
Praktische Hinweise: Unterwegs viele Stopps für Besichtigungen; am Goting-Kliff lohnt sich eine Badepause. Fernglas nicht vergessen.

Die Tour führt durch bildschöne Friesendörfer mit ihren reetgedeckten Häusern, Höfen und idyllischen Gärtchen. Man verlässt ***Wyk** › S. 123 in Richtung Nordwesten vorbei an den Friesenhäusern von **Oevenum** › S. 125 und dem benachbarten **Midlum**. Dort biegt man auf einem der Marschenwege nach Norden ab und nach etwa 2 km Fahrt in Richtung Westen. Schon aus der Ferne sieht man am Deich den **Infowagen der Schutzstation Wattenmeer**. Der Blick vom Deich hinüber nach Sylt und auf die reiche Vogelwelt lohnt den kleinen Abstecher.

Von dort geht es in südliche Richtung nach **Oldsum** › S. 125 mit seinen Künstlerateliers und gemütlich Cafés. Um die mittelalterliche Kirche St. **Laurentii-Kirche** zu besichtigen, muss man durch Süderende ganz durchfahren. Auf der Strecke nach **Borgsum** passiert man den grasbewachsenen Ringwall der **Lembecksburg**, den die Wikinger hinterlassen haben.

Die nächste Pause winkt am Badestrand **Goting-Kliff** › S. 125, der den Besuch mit Weitblicken zur Insel Amrum und zur Hallig Langeneß belohnt. Im bezaubernden ***Nieblum** › S. 124, ist u. a. die größte Inselkirche St. Johannis zu bewundern. Das benachbarte **Alkersum** › S. 124 wartet mit dem sehenswerten **Museum Kunst der Westküste** auf. Und auf dem Rückweg nach Wyk kann man der St. Nicolai-Kirche in **Boldixum** › S. 123 einen Besuch abstatten.

Strandwandern auf **Amrum

⑪ Anleger Wittdün › Obere Wandelbahn › Wriakhörn › Kniepsand › Leuchtturm › Steenodde › Wittdün

Dauer: 1/2 Tag, 8 km
Praktische Hinweise: Der Rundweg ist ideal für einen Kurzbesuch von nur wenigen Stunden und ermöglicht eine Badepause am Kniepsand. Es empfiehlt sich, etwas zu trinken und zu essen mitzunehmen. Der Leuchtturm ist im Sommer Mo–Fr 8 bis 12.30 Uhr geöffnet.

Wer vom Fähranleger kommt, umrundet in **Wittdün** › S. 126 die aussichtsreiche Ostspitze des Ortes. Am Pfad **Obere Wandelbahn** kommt schon der Badestrand in

Der Anblick ist selten, aber von eigenem Reiz: Schnee auf den Amrumer Dünen

9 **An der nordfriesischen Küste** Husum › Nordstrand › Hamburger Hallig › Schlüttsiel › Dagebüll › Seebüll › Niebüll

10 **Große Fahrradrundfahrt auf Föhr** (Inselkarte › S. 124)
Wyk › Oevenum › Oldsum › Borgsum › Goting-Kliff › Nieblum › Alkersum › Boldixum › Wyk

11 **Strandwandern auf Amrum** (Inselkarte › S. 124)
Anleger Wittdün › Obere Wandelbahn › Wriakhörn › Kniepsand › Leuchtturm › Steenodde › Wittdün

12 **Vielseitiges Sylt** (Inselkarte › S. 129)
Westerland › Wenningstedt-Braderup › Kampen › Listland › Braderuper Heide › Munkmarsch › Keitum › Morsumer Kliff › Westerland › Rantum › Hörnum › Westerland

den Blick. Nach einer Badepause umrundet man das Vogelparadies am kleinen **Wriakhörn-See**. Dann geht es weiter am endlos scheinenden ***Kniepsand** bis zum weithin sichtbaren ***Leuchtturm** in den Dünen. Vom 66 m hohen Wahrzeichen Amrums hat man einen grandiosen Weitblick. Bei der Kurztour verlässt man den Strand, überquert die Hauptstraße und geht an einem Wäldchen entlang zum Ortsteil **Steenodde** › S. 126 auf der Wattseite der Insel. Hier kann man noch dem **Wikinger-Grabhügel Esenshugh** einen Besuch abstatten. Den Rückweg zum Anleger nach Wittdün kann man nicht verfehlen, er führt am Ufer entlang, vorbei am Tonnen- und Jachthafen.

Alternativ kann man bei einem Tagesaufenthalt die Strandwanderung am Kniepsand weiter ausdehnen bis zur **Aussichtsdüne** oder sogar bis zur geschützten Nordspitze **Odde** › S. 128, die man nahe am Ufer umrunden kann, sie ist Lebensraum von unzähligen Vögeln. Von Norddorf – oder wenn man die Tour früher abbricht von Nebel aus – kann man mit dem Bus nach Wittdün zurückfahren.

Vielseitiges **Sylt

(12) Westerland › Wenningstedt-Braderup › Kampen › Listland › Braderuper Heide › Munkmarsch › Keitum › Morsumer Kliff › Westerland › Rantum › Hörnum › Westerland

Dauer: 2 Tage, 115 km (70 und 45 km)

Praktische Hinweise: Die Touren verlaufen überwiegend auf asphaltierten oder geschotterten Radwegen. Wird die Radtour zu lang, nehmen die Sylter Busse das Fahrrad huckepack. Durch das Naturschutzgebiet am Morsumer Kliff kommt man nur zu Fuß (ca. 1 Std. hin und zurück).

Von **Westerland** › S. 130 aus radelt man oberhalb des Kliffs nach **Wenningstedt-Braderup** › S. 136, wo es das begehbare Großsteingrab **Denghoog** zu sehen gibt. Weiter geht es durch ***Kampen** › S. 137 mit einem Schwenk in die kurze Nobelmeile Strönwai. Danach wird es auf der alten Inselbahntrasse durch die Heide des Klappholttals idyllischer.

Listland oben im Inselnorden beeindruckt mit mächtigen Wanderdünen. Eine Sackgasse führt in die einsame Dünenlandschaft des ***Ellenbogens** › S. 139 mit seinen atemberaubend schönen Buchten. In **List** › S. 139 macht das Erlebniszentrum »Naturgewalten« die ungeheuren Kräfte von Wind und Meer fühlbar; am lebhaften Hafen muss man unbedingt ein leckeres Fischbrötchen essen. Schön grün ist Sylt auf der Wattseite. Nach den betriebsamen Badeorten genießt man umso mehr die Stille der **Braderuper Heide**. Im schönen Friesendorf ***Keitum** › S. 132 sollte man sich Zeit für den Besuch des Museums nehmen. Von hier radelt man nach Osten zum ***Morsumer Kliff** › S. 133 und dann westwärts durch die Dörfer nach Westerland zurück.

Am nächsten Morgen führt die Radtour in den Sylter Süden zum rätselhaften Ringwall **Tinnumburg**, anschließend zum vogelreichen **Rantumbecken**. In **Rantum** › S. 134 wird es Zeit, eine Pause einzulegen und echtes Sylter Mineralwasser zu trinken sowie modernes Kunstschaffen im »kunst:raum« der ***Sylt-Quelle** zu genießen, bevor man zum kleinen Hafen von **Hörnum** › S. 135 an der Südspitze Sylts aufbricht. Auf dem Rückweg durchs Dünenland lohnt sich eine weitere Pause am berühmten **Sansibar-Strand**.

Unterwegs in der Region

*Husum 1

Wenn man Nordfriesland kennen lernen will, kommt man an Husum nicht vorbei. Nicht nur dass der hier gebürtige Dichter Theodor Storm (1817–1888) lebte und seine berühmten Novellen und Gedichte schrieb, seine ganz und gar nicht »graue Stadt am Meer« hat viel Flair und einen unbezwingbaren Charme. Hier mag man mit Muße durch die Groß- und **Süderstraße** bummeln und am malerischen **Binnenhafen** entlang, zwischendurch ein Krabbenbrötchen essen und dann am **Markt** den hübschen **Tine-Brunnen**, das alte **Rathaus** von 1601 und noch einige Fassaden aus dem 16. und 17. Jh. bewundern. Sie erinnern an die Blütezeit Husums, als ihm die Sturmflut von 1362 einen ordentlichen Hafen bescherte und die von 1634 ihn wieder wegnahm. Wie bewegt die Geschichte Husums im ewigen Kampf gegen den »Blanken Hans« wirklich war, erfährt man im **Nordseemuseum** im Nissenhaus (Herzog-Adolf-Str. 25, April–Okt. tgl. 10–17, sonst Di–So 11–17 Uhr).

Der von der Stadt ausgewiesene **Kulturpfad** (als Flyer erhältlich bei der Tourist Information) verbindet in 32 Stationen die wichtigsten historischen Gebäude, die Wohnhäuser Storms und anderer berühmter Söhne der Stadt sowie die sechs Museen. Die Route beginnt am Markt und führt auch zum **Theodor-Storm-Zentrum,** wo das Wohnhaus des Dichters originalgetreu wie zu seinen Lebzeiten eingerichtet ist (Wasserreihe 31, April–Okt. Di bis Fr 10 bis 17 Uhr, Sa ab 11, So, Mo 14 bis 17 Uhr).

Während Husums früher Blüte bauten die Gottorfer Herzöge das **Schloss vor Husum** (16./18. Jh.), das im heutigen Stadtzentrum liegt. Hier finden Konzerte statt, und heiraten kann man dort auch. Im März läutet das traditionelle **Krokusblütenfest** im Schlossgarten den Frühling ein (König-Friedrich-V.-Allee, April–Okt. Di bis So 11–17 Uhr, sonst Sa, So).

Echt gut! Im **Pole Poppenspäler Museum** bekommen nicht nur Kinder glänzende Augen, es zeigt u. a. eine Sammlung von Theaterpuppen aus Europa, Asien und dem Orient (www.pole-poppenspaeler.de, Besuch nach Vereinbarung, Umzug ins Schloss geplant).

Info

Tourismus und Stadtmarketing
Norderstr. 15][Tel. 0 48 41/8 98 70
www.husum-tourismus.de

Hotel

Romantik-Hotel Altes Gymnasium
Süderstr. 2-10
Tel. 0 48 41/8 33-0
www.altes-gymnasium.de
Echt gut! Eine der feinsten Hoteladressen der Region, hervorragende Küche. ●●●

Restaurant

Husums Brauhaus
Neustadt 60][Tel. 0 48 41/8 96 60

Das Schloss vor Husum

Umfangreiche Speisekarte, Bier aus eigener Produktion; Brauereiführung Di, Fr 17 Uhr. ●●

Nordstrand 2

Die Insel ist seit 1935 über einen Straßendamm mit dem Festland verbunden. Auf den 28 Deichkilometern rund um die Insel grasen Schafherden, an einigen Stellen dienen sie Badegästen als Strand. Vom Hafen **Strucklahnungshörn** 3 fahren Fähren ti-

Wie aus Festland Inseln wurden

Als vor 1000 Jahren Menschen in das Gebiet zwischen Föhr und der Halbinsel Eiderstedt kamen, fanden sie altes Marschenland mit Hochmoor und Wald vor, es war Teil des Festlands. Sie torften die Moore ab und beackerten den Boden darunter.

Dann stieg der Meeresspiegel an. Die Marcellusflut von 1362 vernichtete mit einem Schlag 30 Dörfer, darunter das legendäre Rungholt. Die Burchardiflut von 1634 trennte Pellworm von der einstigen großen Insel Strand ab. Nur Bruchstücke des Siedlungslands blieben als Inseln und Halligen bestehen.
Die grünen Marscheninseln und die kleinen Halligen im Wattenmeer zwischen der Halbinsel Eiderstedt im Süden und Föhr im Norden sind bretteben. Nur die Warf(t)en mit ihren Höfen ragen heraus und sind schemenhaft aus weiter Ferne zu erkennen, eine fast unwirkliche Landschaft, halb Meer, halb Land.

deabhängig zur Insel Pellworm. In der Saison verkehrt von hier eine Expressfähre durch die Halligwelt bis nach Hörnum/Sylt › S. 135. Spannend sind Wattwanderungen oder Kutschfahrten zur **Hallig Südfall** **4**, wo man bis heute das untergegangene Rungholt vermutet (Betreten nur mit autorisiertem Wattführer, z. B. Regine Brauer, Tel. 0 48 42/83 60, Schutzstation Wattenmeer, Tel. 0 48 42/5 19, Nationalpark-Haus, im Kurhaus).

Info

Kurverwaltung
Schulweg 4][25845 Nordstrand
Tel. 0 48 42/4 54
www.nordstrand.de

Restaurant

Café Pharisäer-Hof
Elisabeth-Sophien-Koog 3
Tel. 0 48 42/3 53
Hier wurde der »Pharisäer« erfunden › S. 109; selbst gebackene Kuchen. ●

Shopping

Schäferei Baumbach
Pohnshalligkoogstr. 1
Tel. 0 48 42/4 95
Mo–Sa 8–18, So 10.30–18 Uhr
Lammfleisch und Souvenirs rund ums Schaf.

Echt gut!

Insel *Pellworm 5

Eine Insel des sanften Tourismus: Man kann das Auto mitbringen, aber hier warten auch 500 Leihfahrräder für die 21 km lange Inselrunde. Bis auf das moderne Kurhaus am Hafen ist Pellworm mit seinen Bauernhöfen, darunter auch einige Bio-Höfe, ziemlich traditionell: Landleben auf über 100 Warften, eine reiche Vogelwelt, das alles gut geschützt mit einem 8 bis 9 m hohen Seedeich.

Hinter dem Deich am alten Hafen beleuchtet das **Inselmuseum** Pellworms frühere beschwerliche

Dier Alte Kirche St. Salvator auf Pellworm

Zeit (im Haus der Tourist-Information, Saison: tgl. 8–18, sonst bis 14/15 Uhr). 2 km weiter auf der großen Wiese des ***Hybridkraftwerks** grasen Schafe, über ihnen fangen Photovoltaikzellen und Windräder jährlich 22,5 Megawattstunden saubere Energie ein (Informationszentrum, April bis Okt. Do–Di 10–17 Uhr).

Die drei hohen Bauwerke fallen weithin auf: die **Nordermühle** von 1652 an der Nordküste, die backsteinerne **Turmruine** aus dem 12. Jh. der **Alten Kirche St. Salvator** (mit Arp-Schnitger-Orgel) im Westen und der **Leuchtturm** im Süden, Gruppen dürfen ihn besteigen und Paare sich darin trauen lassen.

Als Badestrand dient die grüne Wiese außendeichs. Interessant sind geführte Wattwanderungen zur **Hallig Süderoog** 6, 4 km südwestlich, sie ist ein vielseitiges Naturschutzgebiet. Und auf dem Wattweg zur **Hallig Hooge** findet man immer wieder freigespülte Kulturspuren. Wattführer Hellmut Bahnsen zeigt gern seine Sammlung.

Info

Tourist-Information
Uthlandestr. 2][25849 Pellworm
Tel. 0 48 44/1 89 40
www.pellworm.de

Anreise

Autofähre der NPDG
Tel. 0 48 44/7 53 oder 7 56
www.faehre-pellworm.de
3–6-mal tgl. ab Strucklahnungshörn/Nordstrand, Überfahrt 35 Min.

Hotel

Landhaus Leuchtfeuer
Süderkoogweg 10
Tel. 0 48 44/4 72
www.leuchtfeuer-pellworm.de
Freundliches Haus nahe Südstrand und Leuchtturm. ●●–●●●

Restaurants

- **Strandcafé**
Tammwarft 10][Tel. 0 48 44/3 22
April–Okt. ●
- **Inselcafé Cornilsen**
Tammensiel 25][Tel. 0 48 44/2 26
Beide bieten kleine Speisen und Selbstgebackenes. ●

Aktivitäten

- **Schiffsausflüge mit MS »Gebrüder«** u.a. zur Hallig Hooge (› S. 120) ab Anleger Hooger Fähre, siehe Inselprogramm: www.pellworm.de.
- **Wattführungen** der Schutzstation Wattenmeer (Osterschütting 9, Tel. 7 60) und Hellmut Bahnsen (Westerschütting, nach Vereinbarung, Tel. 0 48 44/99 09 06).

Nordstrandischmoor 7 / *Hamburger Hallig 8

Die **Hallig Nordstrandischmoor** (www.nordstrandischmoor.de) ist per Lorendamm und Lorenbahn mit dem Festland verbunden; aber nur Bewohner und Feriengäste dürfen sie nutzen. Tagesausflügler erreichen die Hallig mit Ausflugsschiffen ab Strucklahnungshörn/Nordstrand.

Die **Hamburger Hallig** (www.halligen.de) ist unbewohnt und durch eine Fahrstraße mit dem Festland verbunden. Nur das Häuschen des Vogelwarts und der reetgedeckte **Hallig-Krog** stehen auf den beiden Warften. Vom Parkplatz am Seedeich wandert man auf dem Naturlehrpfad mitten durch die von Brut- und Rastvögeln belebten Salzwiesen die 4 km zum Hallig Krog. Schneller geht es per Rad oder gegen 5 € Maut per Auto; Infos: Amsinck-Haus beim Deichübergang.

Restaurant

Hallig-Krog
Hamburger Hallig
Tel. 0 46 71/94 27 88
www.hallig-krog.de
Salzwiesenlamm, kleine Gerichte und selbst gebackener Kuchen. ●–●●

Schlüttsiel 9

Die Hauptbedeutung von Schlüttsiel im Hauke-Haien-Koog ist sein Fährhafen zu den Halligen und zur Insel Amrum. Es ist kein gewachsener Ort, er besteht nur aus dem Abfertigungsterminal und dem modernen Fährhaus Schlüttsiel, das ein Hotel und Restaurant beherbergt. Außerdem gibt es noch ein informatives Besucherzentrum des Vereins Jordsand zum Schutz der Seevögel und der Natur.

Restaurant

Fährhaus Schlüttsiel
www.faehrhaus-schluettsiel.de
Regionale Spezialitäten, Lamm und Wildgerichte in modernem Ambiente am Hafen. ●●

9 **Hallig Hooge 10

Hooge ist die zweitgrößte und besucherfreudigste der zehn Halligen. Auf den neun Warften leben ca. 80 Halligbewohner und im Sommer auch Feriengäste, die diese einzigartige Biosphäre mitten im offenen Meer und Nationalpark schätzen. Sie können in Ruhe die 11 km Sommerdeich, der bei schweren Sturmfluten im Winter überspült werden kann, abwandern und die acht grünen Badestellen außendeichs genießen sowie geführte Wanderungen durch Watt und Salzwiesen unternehmen. Für Tagesgäste bietet Hooge Anschauungsunterricht über das Leben und Arbeiten auf einer Hallig. Auf der Hanswarft gibt es das meiste zu besichtigen, so das **Heimatmuseum,** das u. a. alte Trachten zeigt und natürlich den **Königspesel** – eine typische gute Stube des 19. Jhs., in der Dänenkönig Frederik VI. 1826 übernachtete. Das **Erlebniszentrum Mensch und Watt** informiert über Watt und Natur. Das **Sturmflutkino** zeigt Kurzfilme über »Land unter«. Zu den Besonderheiten der Halligen gehört, dass sie gelegentlich von Sturmfluten im Winter überflutet werden, wobei dann nur noch die Warften mit den Gebäuden aus dem Wasser schauen. Die **Halligkirche** auf der Kirchwarft entstand nach der Sturmflut von 1634 aus Teilen der ehemaligen Kirche eines untergegangenen Ortes.

Wohninterieur des 19. Jhs. im Heimatmuseum auf Hallig Hooge

Info

Touristikbüro Uns Hallig Hus
Hanswarft][Tel. 0 48 49/91 00
www.hooge.de
Mit Zimmervermittlung.

Anreise

- **Wyker Dampfschiffs-Reederei (W.D.R.)**
Tel. 0 18 05/08 01 40
Schlüttsiel–Halligen.
- **MS Adler-Express**
Tel. 0 18 05/12 33 44
www.adler-schiffe.de
Nordstrand–Hooge–Amrum–Hörnum/Sylt, März–Okt. 2-mal tgl. beide Richtungen.
- **Tages-Ausflugsfahrten** nach Hooge bieten in der Saison mehrere Anbieter von allen Inseln und ab Schlüttsiel an.

*Hallig Gröde-Appelland 11

Ganze 2,5 km² zaunlose Weide und zwei Warften, auf denen 17 Menschen leben, das ist die **kleinste Gemeinde Deutschlands.** Echt gut! Keine Kneipe, kein Laden, Schiffsverkehr nach Bedarf; Lebensmittel werden vom Festland angeliefert. Die Schule – zwei Schüler und eine Lehrerin – ist mit dem Kirchengebäude vereinigt. Gäste sind in der kleinen Hallig-Gemeinschaft willkommen; Kapitän Uwe Petersen schippert sie von Schlüttsiel herüber, wenn die Tide es zulässt. Vogelfreunde kommen wegen der Ringelgänse im April und Mai.

Anreise

Fähre MS Rungholt
Kapitän Uwe Petersen
Tel. 0 46 67/3 67
www.halligmeerfahrten.de

Hotels

- **Sabine Kolk**
Tel. 0 46 74/14 48 und
- **Claudia Mommsen**
Tel. 0 46 74/3 02
Beide: www.groede.de
Ferienwohnungen und viel Ruhe.
●–●●

*Langeneß 12 und *Oland 13

Langeneß ist 10 km lang und nur wenige 100 m schmal, hat knapp 120 Bewohner auf 18 Warften, eine Kirche, eine Schule, aber keinen Laden. Grünes Land, wo man hinschaut, einige Badestellen rings um die Hallig. Infos zur vielfältigen Natur der Hallig erhält man vom Team der **Schutzstation Wattenmeer** (Peterswarf, Hochsaison tgl. ca. 14–17 Uhr) und in der Naturpark-Ausstellung auf Rixwarf (in der Saison tgl. 12 bis 15 Uhr).

Auf der Ketelswarf zeigt das **Kapitän-Tadsen-Museum** die reiche Ausstattung eines Kapitänshauses im 18. Jh., das **Gertsenhaus** informiert u. a. über die Salzsiederei. In der **Friesenstube** auf der Honkenswarf gibt es viele Sammelstücke aus der Seefahrerzeit zu sehen. Die **Kirche** auf der Kirchwarft ist tagsüber offen.

Olands rund 30 Einwohner sind durch private Lorengleise mit Langeneß und dem Festland verbunden. Schiffe erreichen die autofreie Hallig nur unregelmäßig, so dass Gäste mit den »Plattformen auf Rädern« vom Lorenbahnhof in Dagebüll abgeholt werden.

Info

Tourismusbüro Langeneß-Oland
Ketelswarf 3
25863 Hallig Langeneß
Tel. 0 46 84/2 17
www.langeness.de

Anreise & Verkehr

- **Fähren** wie Hooge › S. 120
- **Mietfahrräder**

auf der Rixwarf][Langeneß
Tel. 0 46 74/95 20 60

Dagebüll 14

Dagebüll ist ein kleiner Ferienort am Meer mit einem langen Strand am Deich und gemütlichen Ferienwohnungen. Doch die meisten Besucher kommen hierher, um vom Dagebüller **Hafen** auf die Inseln Föhr oder Amrum zu fahren. Für Autofahrer, die ihren Pkw an Land lassen wollen, gibt es zahlreiche **Langzeitparkplätze**.

Ein Spaziergang auf dem Deich südlich des Hafens führt zu den Gleisen der Lorenbahn nach Oland.

!! Wer das Auto auf die Inseln mitnehmen möchte, sollte die Fähre in der Saison und um Weihnachten/Neujahr rechtzeitig buchen (W.D.R., Tel. 0 18 05/ 08 01 40, www.faehre.de).

Hotel & Restaurant

Strandhotel Dagebüll
auf dem Deich, direkt am Hafen
www.strandhotel-dagebuell.de
Solide regionale Küche, schöner Blick.
●●●

**Insel Föhr 15

Föhr ist grün, flach und bodenständig. 17 malerische Inseldörfer und viel Natur wollen in Muße entdeckt werden. Auch wer sich für Geschichte interessiert, wird fündig. Die Wikinger hinterließen im 11. Jh. viele Grabhügel und einen Ringwall, Friesen waren im 7./8. Jh. eingewandert.

Gleich beim Hafen im Osten fängt der feine Sandstrand an, zieht sich gut 15 km an der Südseite der Insel entlang und sogar noch ein Stückchen die Westküste hinauf. Die Insel ist mit über 200 km meist ebenen Fahrradwegen und fünf ausgeschilderten Thementouren ideal für Erkundungen mit dem Rad, beliebte Aktivitäten sind auch Walken, Wandern und Reiten und natürlich Baden, Segeln, Kiten.

cht gut!

Tagesgäste können Föhr bequem mit der Inselbahn erkunden. Die Tour dauert zwei Stunden und führt durch Wyk und die Inseldörfer (Abfahrt: Wyk, Hafen Brücke 3, www.friesenexpress.de, April–Okt. tgl. 13, im Sommer auch 10.45 und 15 Uhr).

*Wyk A

Das gemütliche, nur 4400 Einwohner zählende Städtchen war bis 1867 dänisches, danach preußisches Seebad. Heute ist es Nordseeheilbad mit ganzjährigem Kurbetrieb und ein beliebtes Familienbad.

Natur wird hier groß geschrieben. Die Kurpromenade und der denkmalgeschützte grüne Stadtkern sind autofrei. Die vielen Parks und Gärten sind eine Wohltat, und erst der Strand: Viele Kilometer Sand, an verschiedenen Abschnitten kommt jeder zu seinem Recht: Kinder, Surfer, Sonnenanbeter. In der Ferne schimmert die Hallig Langeneß.

St. Nicolai in Boldixum

Zu sehen gibt's in Wyk das **Nationalparkzentrum** in der Amtsverwaltung (Hafenstr. 23, April bis Okt. So–Fr 10–17.30, sonst Do, Sa 14–17 Uhr). Föhrs Geschichte wird lebendig im **Dr.-Carl-Haeberlin-Friesenmuseum,** das man durch einen Bogen aus mächtigen Blauwal-Kieferknochen betritt. Eine Rarität ist das **Friesenhaus von 1617** im Freigelände (Rebbelstieg 34, Juli/Aug. tgl., sonst Di bis So 10/14–17 Uhr). Wyks Vorort **Boldixum** ist stolz auf seine gotische Kirche **St. Nicolai** (13. Jh., tagsüber offen), interessant ist dort auch der Friedhof mit alten Grabsteinen.

Info

Föhr Tourismus
Fähranleger 1][25938 Wyk
Tel. 0 46 81/3 00][www.foehr.de

Anreise & Verkehr

W.D.R.
Tel. 01 80/508 01 40][www.faehre.de
Fähren ab Dagebüll: bis zu 14 Abfahrten tgl.

■ **Inselbusse** der W.D.R verbinden Wyk und die Inseldörfer, Fahrplan: www.faehre.de.

■ **Fahrradverleih:** mehrere Anbieter auf der ganzen Insel.

Hotel

Kurhaus Hotel
Sandwall 40][Tel. 0 46 81/7 92
www.kurhaushotel-wyk.de
Traditionshotel direkt an der Strandpromenade. ●●–●●●

Restaurant

Austernfischer
Hafenstr. 40
Tel. 0 46 81/5 98 10
Im Duus-Hotel am Hafen; Fischspezialitäten. ●●

Aktivitäten

Windsurfing Peter Schaper
Strandabschnitt 13
Tel. 0 46 81/74 78 12
www.windsurfing-foehr.com
Alles drin: vom Cat-Segeln bis zur Beach-Party.

Echt gut

*Nieblum B und Alkersum C

Nieblum, ein Bilderbuch-Friesendorf, liegt westlich von Flug- und Golfplatz. Unter Linden- und Ulmenalleen reihen sich backsteinrote und weißblaue Kapitänshäuser mit tiefgezogenen Reetdächern, oft eingerahmt in idyllische Gärtchen. Sie zeugen vom einstigen Wohlstand, den im 18. Jh. viele

A Wyk
B Nieblum
C Alkersum
D Utersum
E Dunsum
F Süderende
G Oldsum
H Vogelkoje
I Oevenum
J Wittdün
K Leuchtturm
L Nebel
M Norddorf
N Amrum Odde

Föhringer als Kapitäne auf holländischen Schiffen und Walfängern erwarben. Nieblum ist stolz auf die größte Kirche der Insel: **St. Johannis** (12. Jh., tagsüber offen), Friesendom genannt. Nur 1 km entfernt ist der sandige Bade- und Surfstrand, und nicht weit davon liegt das **Goting-Kliff** mit dem großen FKK-Gelände.

Echt gut!

Im erst 2009 eröffneten **Museum Kunst der Westküste** in Alkersum präsentiert Kunstmäzen Frederik Paulsen seine Privatsammlung: Malerei ab dem 19. Jh. (Hauptstr. 7, www.mkdw.de, März–Okt. Di–So 10–17, Do bis 19 Uhr, im Winter Di–So 12 bis 17 Uhr, Mitte Jan.–Febr. geschl.).

Hotel

Haus Agge
Wohldsweg 1][25938 Nieblum
Tel. 0 46 81/22 29
www.haus-agge.de
Reetgedecktes Friesenhaus mit 6 Zimmern und Garten im Dorfzentrum. ●●

Restaurant

Kliff-Café
Klafwai][Tel. 0 46 81/36 60
Hier gibts außer Kuchen und Eis auch kleine Gerichte; netter Garten im Schutz der Dünen und Minigolf. ●–●●

Föhrs Westen

Traumstraße nennen die Föhringer den leicht hügeligen Weg bis zur Westküste der Insel, wo **Utersum** Ⓓ, Föhrs bestes Strand- und Surfgelände liegt. Das gemütliche Friesendorf hat gerade das stolze Alter von 650 Jahren gefeiert.

Von **Dunsum** Ⓔ aus kann man mit Wattführer übers Watt nach Amrum gehen (Info: H. J. Fischer, Tel. 01 75/4 60 72 92; Veranstaltungskalender: www.foehr.de).

In **Süderende** Ⓕ ist die alte Kirche St. Laurentii (13. Jh.) sehenswert. Mit seinen reetgedeckten Friesenhäusern ist auch das ländliche **Oldsum** Ⓖ eine Inselperle. Hier kann man gut Urlaub auf dem Bauernhof machen.

Hotel

Landhaus Altes Pastorat
25938 Süderende/Föhr
Tel. 0 46 83/2 26
www.landhaus-altes-pastorat.de
Nahe der Kirche St. Laurentii, acht Zimmer mit luxuriöser Ausstattung. ●●●

Echt gut!

Föhrs Norden und Osten

Nordwärts erstreckt sich die flache Marsch. Am Deich erklärt der Vogelwart, was gerade fliegt und piept; sein grüner Campingwagen am Deich ist im Sommer besetzt. Übers Meer ist Sylt zu sehen. Oder man besucht die **Vogelkoje** Ⓗ von Boldixum am Ostdeich (April–Okt. Mo–Fr 10–12 Uhr).

Die **Wrixumer Mühle** war bis 1960 bewirtschaftet und steht zur Zeit leer. In **Oevenum** Ⓘ ist das Landwirtschaftliche Museum in der Buurnstraat 48 geschlossen; das Föhringer Bauernleben soll zukünftig an anderer Stelle gezeigt werden. Donnerstags lohnt hier ein Bummel über den hübschen **Wochenmarkt** (Ostern bis Mitte Sept. 10–12.30 Uhr).

Kniepsand – ein Hauch von Sahara

Hotel

Letj Huk
Buurnstraat 27][25938 Oevenum
Tel. 0 46 81/83 91
www.friesenhaeuser-foehr.de
Stilvolles Feriendomizil in reetgedecktem Friesenhaus von 1686. ●●●

10 Insel **Amrum 16

Echt gut! ***Kniepsand heißt Amrums Rekordstrand:** eine gleißende, bis 2 km breite Sandebene zwischen Meeresufer und Dünengürtel, mit mehr als 10 km etwa so lang wie die ganze Insel – reichlich Raum für Badestrände, Sandburgen und endlos lange Spaziergänge, Joggen und Reiten am Meeressaum.

Im Lee der Dünen pflanzten die Amrumer Bäume, um die Inseldörfer vor Sandverwehungen zu schützen. Der Wald bedeckt ein Zehntel der Insel. Auch das ist ein Rekord unter den fast baumlosen Inseln der Nordseeküste. Die Insel ist sympathisch klein und typisch nordfriesisch.

Wittdün J

Hier kommt man an, hier fährt man ab. Klein ist der junge Ort und hat doch alles, was man braucht wie Fahrradverleih, Kuranlagen und das **AmrumBadeland** (tgl. 10–18 Uhr) für ungemütliche Tage.

Die Gästeunterkünfte befinden sich nah am Meer, einige bieten von hohen Dünen aus herrliche Ausblicke auf die See. Wer in der zweiten oder dritten Reihe wohnt, kann den Meerblick beim Spaziergang auf der Promenade genießen, Treppen führen von dort zum Badestrand.

Zur Gemeinde gehört auch **Steenodde** auf der Wattseite, wo die Wikinger im 10.–11. Jh. ihre Toten bestatteten; imposant ist der fast 5 m hohe **Grabhügel Esenshugh**. Amrums Wahrzeichen, der ***Leuchtturm** K, ist mit 66 m der höchste an der deutschen Küste; man kann ihn besteigen (Sommer Mo–Fr 8.30 bis 12.30 Uhr). Unterhalb, in der faszinierenden Mondlandschaft des Dünengürtels, schätzen Naturfreunde den FKK-Campingplatz neben dem Kniepsand.

Info

Amrum Touristik
Am Fähranleger Wittdün
Tel. 0 46 82/9 40 30
www.amrum.de

Anreise & Verkehr

- **W.D.R.**
Tel. 01 80/5 08 01 40
www.faehre.de
Autofähren: Dagebüll–Föhr–Amrum ganzjährig und Schlüttsiel–Halligen–Amrum.
- **Adler Express**
www.adler-schiffe.de
Von Hörnum/Sylt bzw. von Nordstrand › S. 136. Weitere Schiffsverbindungen › S. 121.
- **Inselbus:** verkehrt ganzjährig, Juli bis Mitte Sept. alle 30 Min., sonst stdl.
- **Fahrradverleih:** in allen Orten sowie direkt am Fähranleger.

Hotels

- **Arche**
Obere Wandelbahn 19
Tel. 0 46 82/13 13
www.arche-amrum.de
Elegante Ferienwohnungen direkt am hohen Strandweg. ●●–●●●
- **Freya Paulsen**
Dünenweg 11, 16 u. 18
Tel. 0 46 82/43 52
www.paulsen-amrum.de
Ferienwohnungen mit Kinderspielplatz. ●●

*Nebel Ⓛ

Die Gemeinde Nebel mit dem Ortsteil Süddorf liegt zwischen Wald, Äckern und Wiesen und grenzt ans Wattenmeer. Die uthlandfriesischen Häuser in dem idyllischen Dörfchen sind teilweise Ferienwohnungen. Das Inselmuseum **Öömrang Hüs** ist ein echtes Friesenhaus (Waaswai 1, Mo–Fr 11–13.30 und 15–17 Uhr, Sa 15–17 Uhr). Die **Windmühle** ist zu besichtigen. Ein kulturgeschichtlicher Schatz ist die Dorfkirche **St. Clemens** (13. Jh.). Auf dem Kirchhof erzählen historische Grabsteine vom Leben der Seefahrer. Zum Kniepsand führt eine Asphaltstraße (2 km).

Hotels

- **Friesenhof**
Uasterstigh 33
Tel. 0 46 82/9 68 88 47
www.friesenhof.net
Reetgedeckte moderne Ferienanlage mit Wellness. ●●●
- **Haus Westergaard**
Hööwjaat 1][Tel. 0 46 82/42 23
www.haus-westergaard.de
Gemütliche Dachgeschosswohnung in Friesenhaus im Dorfkern. ●●

Restaurant

Strandhalle
Strunwai 44][Tel. 0 46 82/96 15 06
Do–Di 11–20 Uhr
Das einzige Restaurant weit und breit am mittleren Kniepsand. ●–●●

Aktivitäten

Islandpferdegestüt Stianood
Steenodde][Tel. 01 77/4 81 18 07
www.inselreiter.de

Norddorf Ⓜ

Ferienwohnungen, Ferienhäuser, Kurheime – Norddorf hat das breiteste Übernachtungsangebot Amrums und sogar eine kleine Fußgängerzone. Der Kniepsand ist hier schmal, man kommt rasch ans Meeresufer. Im ehemaligen Schwimmbad unterhält der **Öömrang Ferian** (Amrum-Verein) das **Naturzentrum Amrum**. Es informiert in seiner modernen Naturausstellung von Amrums Sänden bis zum Leben im umgebenden Meer (April–Okt. Fr–Mi 10–17, sonst Mi, Fr, Sa, So 12–16 Uhr, Tel. 0 46 82/16 35).

Danach bietet sich ein Rundgang um die einsame Nordspitze **Amrum Odde** Ⓝ an. Das Häuschen des Vogelwarts steht im Naturschutzgebiet versteckt in den Dünen, vogelkundliche Führungen gibt es an der Odde-Nordspitze (Tel. 0 46 82/23 32, März bis Okt. Di–So 10 Uhr). Bei Ebbe kann man – mit Wattführer! – über den Wattwanderweg zur Nachbarinsel Föhr wandern.

Hotels

■ **Hotel garni Michaelsen**
Norddorf][Bräätlun 6
Tel. 0 46 82/94 16-0
www.hotel-michaelsen.de
10 komfortable Ferienwohnungen und 5 Zimmer auf der Wattseite, mit Sauna, Solarium und Fitnessraum. ●●●

■ **Mein Inselhotel**
Norddorf][Madelwai 4
Tel. 0 46 82/9 45 00
www.mein-inselhotel.de
Liebevoll ausgestattetes Haus mit viel Charme. ●●

Restaurants

■ **Strand 33**
Strunwai 33][Tel. 0 46 82/96 15 55
Am Strandübergang Norddorf, mit Meerblick, Salatbuffet, friesische Küche. ●–●●

■ **Teehaus Burg**
Boragwai][Tel. 0 46 82/23 58
ab 15 Uhr, Di Ruhetag
Kleine Spezialitäten, ideale Einkehr auf dem Wattenweg Nebel-Norddorf. ●–●●

Aktivitäten

■ **Wattwanderungen** tideabhängig, Angebote von Wattführern und Reedereien findet man im Wochenprogramm »Amrum aktuell« der Amrum Touristik oder unter www.amrum.de.

■ **Schiffsausflüge**
Kapitän Bandix Tadsen
Tel. 0 46 82/23 33][www.eilun.de

■ **Wochenprogramm für Kinder** Echt gut
in Wittdün (Schatzkiste, Nordseehalle), Nebel (Räuberhöhle im Haus des Gastes) u. Norddorf (Lollipop, Abenteuerland), Informationen: Amrum Touristik.

11 **Insel Sylt 17

Sylt, die nördlichste und prominenteste Insel im Land ist 39 km lang und an der engsten Stelle nur 600 m breit. Ihr einzigartiger Sandstrand an der langen Westküste hat ihr schon seit 1855 Badegäste beschert. Mit jährlich über 6 Mio. Übernachtungen ist Sylt Top-Destination an der deutschen Nordseeküste.

Wer mit dem (Auto-)Zug von **Niebüll** 18 über den Hinden-

Sylt
0
5 km
N
NORDSEE
Nationalpark
Schleswig-
Holsteinisches
Wattenmeer
Ellenbogen
Strandhalle
Königs-hafen
11
Möwenberg
Sandberg
34
Listland
List
Mellhörn
Havneby (Rømø)
Westerheide
Süderheidetal
Klappholttal
Blidsel-bucht
Vogelkoje
Kampen
Rotes Kliff
Brade-ruper Heide
Hünengrab Denghoog
Leuchtturm Rotes Kliff
Büürlon
Wenningstedt
Braderup
Westerland
Munkmarsch
Sylter Welle
St.-Severin
Keitum
Heimatmuseum
Süderende
Tinnum
Dikjendeel
Großmorsum
Morsumer Kliff
23
Hindenburgdamm
Niebüll
Archsum
Munkhoog
Schelling-hörn
Kleinmorsum
Rantum-Becken
Sylt-Quelle
Wall
Osterende
Rantum
24
Klein Fli
Hörnum
Amrum, Föhr, Hooge, Pellworm, Nordstrand
A Westerland
B Munkmarsch
C Keitum
D Archsum
E Morsum
F Tinnum
G Rantum
H Hörnum
I Wenningstedt-Braderup
J Kampen
K Ellenbogen
L Königshafen
M List

Gedränge am gepflegten Strand

burgdamm anreist, erlebt als erstes das Wattenmeer auf der Ostseite Sylts. Doch sobald man in Westerland den Fußweg zum Strand und die Treppe über die Düne geschafft hat, ist man überzeugt: Sylt ist unschlagbar. Für jeden Urlaubertyp bietet die vielseitige Insel das passende Revier. Es gibt alles, worauf man gerade Lust hat: Ruhe und Unterhaltung, Sport und Partys, einsame Natur und Kultur.

Westerland A

Badekultur seit Mitte des 19. Jh., Surf World Cup Sylt und viele weitere prominente Veranstaltungen – Westerland gibt sich städtisch weltoffen, bleibt aber trotz der Gästescharen in der Saison eine sympathische Kleinstadt mit gerade mal 9500 Einwohnern. Vom Luxushotel bis zur Privatpension ist alles vorhanden, was man zu einem Kur- oder Badeurlaub oder einem gepflegten Sylt-Wochenende braucht, gastronomisch reicht die Bandbreite von der Imbissbude am Strand bis zum noblen Sterne-Restaurant.

Ein architektonisches Juwel ist Westerland nicht, aber es hat einige nette Ecken. Wer nördlich vom Bahnhof etwa 400 m dem Kirchenweg folgt, stößt auf die kleine Kirche **St. Niels** (17. Jh.) samt Friedhof, umgeben von reetgedeckten Häusern. Auf dem **Friedhof der Heimatlosen** an der Käpt'n-Christiansen-Straße fanden die Gestrandeten zahlloser Schiffsunglücke vor Sylts Küste ihre letzte Ruhe.

Westerland hat stattliche 7 km Anteil am herrlichen Sylter Strand mit einer langen Promenade. Wer Gedränge mag, braucht sich nur unterhalb der Einkaufs- und Flaniermeile **Friedrichstraße** einen Strandkorb zu mieten. Ein paar Schritte nordwärts lässt man sich vom Programm der **Musikmuschel** unterhalten, dahinter flitzen Surfer die Küste entlang. Es gibt

Küstenschutz

Vor Hunderten von Jahren lag Sylt einige Kilometer weiter westlich. Die Brandung, die so betörend auf den Strand rauscht, unterhöhlt bei sehr schweren Winterstürmen den Fuß der hohen Küste und lässt allmählich die Oberkante des Ufers abbröckeln. Entlang der gesamten Sylter Westküste verliert die Insel trotz Schutzmaßnahmen jährlich mehr als 1 Mio. m^3 Sand. Lange Buhnen und große Mengen von je 6 t schweren Betonklötzen halfen bisher nicht allzu viel, effektivere Sandvorspülungen verschlingen Jahr für Jahr Millionen Euro.

Kinderstrände, Hundestrände, FKK – und immer wieder auch ruhige Ecken.

Echt gut!

Westerland ist aber auch **Kur- und Wellnesszentrum.** Was man früher schlicht Kurmittelhaus hieß, nennt sich heute zeitgemäß **Syltness-Center**. Die Bandbreite an Kur- und Wellness-Behandlungen ist fast unerschöpflich (Dr.-Nicolas-Str. 3, Tel. 0 46 51/ 99 81 12).

Im **Freizeitbad Sylter Welle** nebenan (tgl. 10–22 Uhr) kann man noch schwimmen, wenn am Strand die Badeaufsicht zwei Gefahrenbälle hochzieht.

Nach Sonnenuntergang geht in Westerland die Post ab: Spielcasino, Bars, Disko und Tanz bis in den Morgen.

Info

■ **Tourist-Information**
Strandstr. 35, Bahnhof und Friedrichstr. 44][25980 Westerland
Tel. 0 46 51/99 80
www.westerland.de

■ **Sylt Tourismus Service**
Strandstr. 35][www.sylt.de
Für ganz Sylt.

Anreise & Verkehr

■ **Bahn:** Mindestens stdl. via Hamburg.

■ **Auto/Bahn:** Autoverladung Sylt-Shuttle von Niebüll nach Westerland (in der Saison tgl. 18- bis 26-mal, Tel. 0 18 05/93 45 67, www.syltshuttle.de). Langzeit-Parkplätze auf dem Festland in Niebüll und Klanxbüll. Autozüge ab Dortmund, Düsseldorf, Frankfurt-Isenburg und Stuttgart-Kornwestheim.

■ **Autofähre Rømø–Sylt:** Von Havneby auf der dänischen Insel Rømø nach List auf Sylt, Tel. 01 80/ 3 10 30 30, www.syltfaehre.de; Juli/ August bis 9-mal tgl., sonst ca. 3-mal tgl., Überfahrt 35 Min.

■ **Flug:** Direkt von vielen Flughäfen nach Westerland, Info: Tel. 0 46 51/ 92 06 12, www.flughafen-sylt.de.

■ **Linienbusse auf Sylt:** Das Netz der Sylter Verkehrs-Gesellschaft deckt die ganze Insel ab; Fahrrad-Mitnahme möglich, Info-Tel. 0 46 51/8 36 10-0, www.svg-sylt.de.

Hotels

■ **Hotel Miramar**
Friedrichstr. 43
Tel. 0 46 51/85 50
www.hotel-miramar.de
Gründerzeitbau direkt am hohen Ufer oberhalb der Promenade. ●●●

■ **Hotel Gutenberg**
Friedrichstr. 27
Tel. 0 46 51/98 88-0
www.hotel-gutenberg.de
In der Fußgängerzone, gutes Frühstück. ●●–●●●

■ **Gästehaus Wehrmann**
Kjeirstr. 28][Tel. 0 46 51/8 36 08 80
www.gaestehaus-wehrmann.de
Kleine Pension nahe dem Bahnhof. ●●

Restaurants

■ **Jörg Möller**
Süderstr. 8][Tel. 0 46 51/2 77 88,
www.hotel-joerg-mueller.de
Sterneküche in gemütlichem Friesenhaus-Hotel. ●●●

■ **Seenot**
Lornsenstr. 31
Tel. 0 46 51/92 98 38
Fischrestaurant mit Panoramablick auf den Strand. ●●

Nightlife

■ **American Bistro**

Paulstr. 3

Gut bestückte Bar, American Dance Hall, Surfertreff.

■ **Cohibar**

Bötticherstr. 10

Karibisches Ambiente mit passenden Drinks und kubanischen Zigarren.

■ **Casino Westerland**

Im Rathaus][ab 17 Uhr

Aktivitäten

■ **Nordic Walking Park Sylt**

Echt gut! 220 km lang, 26 Routen in drei Schwierigkeitsgraden, in jedem Ort findet man Streckentafeln.

Echt gut! ■ **Mit einem Segway-Elektroroller bequem und schnell** über die Insel rollen: www.sylt-weely.de.

Munkmarsch B

Bevor der Hindenburgdamm Sylt mit dem Festland verband, war der Hafen von Munkmarsch das wichtigste Eingangstor zur Insel. Vom Ort sind nur eine **Mühle** und wenige Häuser geblieben. Der alte **Hafen** dient heute als Jachthafen, das Meer hier ist ideales Segel- und Surfrevier. Das alte **Fährhaus** ist in nostalgischer Schönheit als Restaurant wiedererstanden, mit weitem Ausblick aufs nördliche Sylter Watt.

Im Heimatmuseum von Keitum

Hotel

Fährhaus Sylt

Bi Heef 1][Tel. 0 46 51/93 97-0

www.faehrhaus-hotel-collection.de

Mit Gourmet-Restaurant, Bibliothek, Videothek, Wellness-Anlagen. ●●● Echt gut!

*Keitum C

Hohe, alte Bäume, Buschwerk und Blumengärten, zwischen denen Reetdachhäuser und bunte Haustüren hervorlugen – Keitum zeigt eine unerwartete Seite der Insel. Hier ist **Nordic Walking** angesagt. Die Kurverwaltung bietet ausgefeilte Tourenpläne, Schnupperkurse oder gezieltes Training. Nicht weit vom östlichen Ufer erinnern der steinzeitliche Hügel **Tipkenhoog** und das beim Flugplatzausbau verlagerte Hünengrab **Harhoog** an vergangene Kulturen. Auf dem Tipkenhoog wird das Keitumer Biikefeuer entzündet. Keitum ist ein kulturelles Zentrum von Sylt. Der Heimatverein »Söl'ring Foriining« betreut hier seit 1907 das **Altfriesische Haus** und das **Sylter Heimatmuseum** (Am Kliff, April bis Okt. Mo–Fr 10–17, Sa, So 11 bis 17 Uhr); im Altfriesischen Haus, das Wohnkultur des 18. Jhs. zeigt, demonstrieren Weberinnen ihre Kunst. Die Feuerwehr stellt in einem **Feuerwehrhäuschen** ihr Arbeitsgerät aus alten Zeiten aus (C.-P.-Hansen-Allee, April–Okt. Di 10.30–13 Uhr). In der alten Kirche **St. Severin** (13. Jh.) finden regelmäßig anspruchsvolle Konzerte statt (Munkmarscher Chaussee, tgl. 10–18 Uhr; Orgelkonzerte Mi 20.15 Uhr).

Info

Touristbüro Keitum
Gurtstig 23][Tel. 0 46 51/33 70
www.keitum.de

Hotels

■ **Hotel Aarnhoog**
Gaat 13][Tel. 0 46 51/39 90
www.aarnhoog.de
Kleines, aber feines 5-Sterne-Hotel im Zentrum. ●●●

■ **Widderhof**
Melnwai 12][Tel. 0 46 51/3 17 17
www.widderhof.de
Fünf Appartements (für 3–4 Pers.) in einem historischen Kapitänshaus. ●●

Restaurant

Nielsens Kaffeegarten
Am Kliff 5][Tel. 0 46 51/3 16 85
Sylts ältestes Café; schöne Watt-Terrasse, hausgebackene Kuchen. ●–●●

Archsum D

In Archsum, dem kleinsten Dorf der Insel im Osten, ist man weit weg von jedem Trubel. In Fahrt kommen die 300 Archsumer beim Feuerwehrfest (August) oder beim Ringreiten zu Pfingsten, wenn der geschickteste Reiter zum König gekürt wird.

Hotels

■ **Hotel Christian VIII.**
Heleeker 1
Tel. 0 46 51/97 07-0
www.christianderviii.de
Nur Suiten in edlem Ambiente. ●●●

■ **Süderhof**
Uaster Reeg 23
Tel. 0 46 51/89 06 37
www.suederhof-sylt.de
Ferienwohnungen in Friesenhaus (bis 4 Pers.), fast auf der Weide. ●●

Morsum E

Morsum, der erste Ort in Sylt, wenn man vom Festland kommt, ist eine weitläufige Streusiedlung. Berühmt ist sein farbiges ***Kliff**. Bei den Hügeln westlich vom Parkplatz handelt es sich um Gräber aus der Wikingerzeit.

Das anschließende **Heideland** ist ein Naturschutzgebiet mit seltenen Pflanzen und Tieren (Führungen des Naturzentrums Mo, Mi, Fr 11 Uhr, Di, Do 14 Uhr ab Info-Pavillon Parkplatz Nösse, www.naturschutz-sylt.de).

Hotel

Morsum Kliff
Nösistig 13][Tel. 0 46 51/83 63 20
www.hotel-morsum-kliff.de
Reetgedecktes, schmuckes Hotel im Naturschutzgebiet mit Gourmetlokal. ●●●

Restaurant

Café und Teestube Ingwersen
Terpstig 76 (Ecke Serkwai)
Tel. 0 46 51/82 33 42
Leckeres direkt vom Bäcker, drinnen oder im Hof unter Bäumen. ●–●●

Karte Seite 129

Tinnum (F)

Wer in Westerland kein Quartier mehr bekommt, wird vielleicht im benachbarten Ortsteil Tinnum fündig. Dieser punktet bei Gästen mit seiner zentralen Lage und günstigeren Übernachtungspreisen. Aus der Wikingerzeit ist noch der 100 m weite Ringwall der **Tinnumburg** (Borrigwai) übrig geblieben, heute grasbewachsen und von Wiesen umgeben. Kinder zieht es in den 1 km entfernten **Tierpark Tinnum** (Ringweg 100, Mai–Okt. tgl. 10–19 Uhr, Erwachse 12 €, Kinder 6 €). Zu sehen sind Tiere zum Streicheln und viele bunte Vögel.

Hotels

■ **Landhaus Stricker**
Boy-Nielsen-Str. 10
Tel. 0 46 51/8 89 90
www.landhaus-stricker.de
5-Sterne-Hotel mit Spa und renommiertem Restaurant. ●●●

■ **Haus Burgblick**
Borrigwai 14][Tel. 0 46 51/3 28 81
www.haus-burgblick-sylt.de
Ferienwohnung nahe der Tinnumburg. ●●

Rantum (G)

Rantum liegt im Inselsüden, dort wo Sylt am schmalsten ist. Im Osten grenzt Rantum an die ruhige Wattseite und das Rantumbecken – heute ein Vogelschutzgebiet – an. Im Westen erstreckt sich eine bezaubernde Dünenlandschaft mit noblen reetgedeckten Häusern und Villen im Friesenstil und nicht weit davon die berühmten Sylter Strände Samoa und Sansibar am 12 km langen Strandabschnitt. Radfahrer, Wanderer und Naturfreunde machen gern die Runde auf dem ca. 10 km langen Deichrundweg um das **Rantumbecken** herum. Ursprünglich in den 1930er-Jahren als Landeplatz für Wasserflugzeuge angelegt, ist daraus ein artenreiches Vogelreservat (260 Arten) entstanden. In der **Vogelkoje Eidum** gibt es Infos und Führungen (Tel. 01 71/ 2 16 78 87, Mai–Okt. Mo 10–12, Di, Do 14–16, Mi, Fr 16–18 Uhr).

Wer denkt schon, dass 650 m tief unter den Rantumer Dünen feinstes Sylter Quellwasser sprudelt. Seit 1993 wird es durch eine 4,5 km lange unterirdischer Pipeline zur Abfüllstation auf dem ehemaligen Flugplatz befördert und dort als ökologisch reines Premiumwasser **Sylt-Quelle** in eigens designte Flaschen abgefüllt. Der elegante Glas- und Backsteinbau der Sylt-Quelle hat sich auch als Treffpunkt von Kunstfreunden und Künstlern hervorgetan mit Wechselausstellungen moderner Kunst. Im gläsernen »genuss:-raum«, kann man das Sylter Wasser verkosten und sich Frühstück, Eis oder eine erlesene Kleinigkeiten dazu servieren lassen (Hafenstr. 1, tgl. ab 11 Uhr, in der Hauptsaison bis spätabends, www.sylt-quelle.de und www.kunstraum-syltquelle.de).

Info

Kurverwaltung
Strandweg 7][25980 Rantum
Tel. 0 46 51/99 82 09
www.rantum.de

Hotels

■ **Dorint Söl'ring Hof**
Am Sandwall 1
Tel. 0 46 51/83 62 00
www.soelring-hof.de
Kleines Luxushotel unmittelbar am Dünenrand vor dem Strand mit exzellentem Restaurant. ●●●

■ **Privatzimmer M. Regenberg**
Am Sandwall 26
Tel. 0 46 51/93 69 90
Zwei Minuten zum Strand, mit Garten. ●–●●

Restaurants

■ **Strandrestaurant Sansibar**
Tel. 0 46 51/96 46 46
Echt gut!
Im FKK-Strandabschnitt Sansibar; unscheinbares Holzhaus **mit hervorragender Küche, unbedingt reservieren!** ●●–●●●

■ **Seepferdchen-Samoa**
Tel. 0 46 51/55 79
Restaurant im Strandabschnitt Samoa, südlich vom Hauptstrand, FKK; leger. ●–●●

Shopping

■ **Sylt-Strandkörbe**
Hafenstr. 10
Sonderanfertigungen, Auslaufmodelle, Zubehör und Sylt-Souvenirs.

■ **Strandgut**
Hafenstr. 9
Hier findet man Tee, Kunst und Souvenirs.

Hörnum Ⓗ

Mehr Meer kann kein Sylter Ort bieten: Hörnum im Süden ist das Kap Hoorn von Sylt. Stürme haben in den vergangenen Wintern kräftige Zerstörungen am Dünenkliff angerichtet und viel Sand

Nordfriesland-Idylle

abgetragen. Wegen der gefährlichen Tideströme ist das Baden in der Meerenge zwischen Sylt und Amrum verboten. Man kann das Dünen-Naturschutzgebiet zu Fuß umrunden (Tide beachten!) den fotogenen **Leuchtturm Hörnum-Odde** gut im Blick. Hörnums Oststrand ist Segel- und Surfrevier, der Strand im Westen grandios und nicht überlaufen. Baden kann man auch im Düün Bad & Spa (www.hapimag.com).

Mit dem **Hafen** an der ruhigen Ostseite Sylts begann die Geschichte Hörnums: Seebäderdampfer aus Hamburg brachten ab 1901 Sylt-Touristen. Heute starten in der Saison täglich Schiffe nach Amrum, Föhr und zu den Halligen › S. 136.

Info

Tourismus-Service
Rantumer Str. 20
25997 Hörnum
www.hoernum.de
Tel. 0 46 51/9 62 60

Hotel

Budersand
Am Kai 3][Tel. 0 46 51/4 60 70
www.budersand.de
Elegantes Golf- und Wellnesshotel am Jachthafen mit Spa und Panoramarestaurant. ●●●

Restaurant

Kap-Horn
Am Weststrand][Süderende 24
Tel. 0 46 51/88 15 48
Die Auswahl reicht von Currywurst über Pasta bis zu Fischspezialitäten. ●●

Aktivitäten

- **Adler Schiffe**
www.adler-schiffe.de
Fahrten nach Amrum, Föhr, Hooge und Nordstrand, in der Saison zweimal tgl. beide Richtungen mit »Adler-Express« von Hörnum.
- **Schutzstation Wattenmeer**
Rantumer Str. 33
Tel. 0 46 51/88 10 93
www.schutzstation-wattenmeer.de
Echt gut! **Gutes Vortragsprogramm und Führungen.**

Wenningstedt-Braderup ⓫

Von Westerland Richtung Norden reihen sich die Sylter Badeorte, doch jeder ist anders und zieht unterschiedliche Gäste an, so auch das Familienbad Wenningstedt. Hier gibt es Ferienwohnungen in Hülle und Fülle. Der bildschöne Sandstrand ist immer in der Nähe. Am legendären ***Roten Kliff** wandert man von Wenningstedt nach Kampen. Im alten Dorfkern erhebt sich der Backsteinturm der **Friesenkapelle** (1915). Ein paar Schritte weiter kann man in das über 5000 Jahre alte Steinzeit-Ganggrab **Denghoog** hineingehen. Kinder finden in der Nähe einen **Spielplatz** und einen **Mitmach-Zirkus** (Kampener Weg, www.circus-mignon.de; Workshops im Juli/Aug. Mo–Fr ab 10 Uhr). Die **Kinder-Motorradbahn Mini-Cross Sylt** ist ebenfalls nicht weit von hier (Norddörfer-Halle, Juni–Sept. tgl. 10 bis 13, 15–20 Uhr). Echt gut! Echt gut!

Eine Gemeinde, zwei Namen und zwei völlig unterschiedliche Gesichter: Nur 2 km östlich aber an der Wattseite von Sylt liegt der Ortsteil Braderup, ein grünes Dorf mit reetgedeckten Häusern. Dazu passen Biohof, Naturzentrum und Ponyreiten. Der Ortsteil hat seine eigene malerische Küste: das **Weiße Kliff**. Daran schließt sich das **Naturschutzgebiet Braderuper Heide** an, ein offenes Heideland mit einladenden Wander-, Reit- und Radwegen.

Info

Tourist-Information
Westerlandstr. 3
25996 Wenningstedt-Braderup
Tel. 0 46 51/9 89 00
www.wenningstedt.de

Hotels

- **Dünenblick**
Dünenstr. 6][Tel. 0 46 51/4 14 26
Ferienwohnung, zentral und strandnah. ●●●
- **Pension Leißner**
Seedüne 23][Tel. 0 46 51/4 14 70
Strandnahe Pension am südlichen Ortsrand. ●●

Restaurant

Gosch am Kliff
Dünenstr. 17 a][Tel. 0 46 51/4 56 88
www.gosch.de
Fisch und Meeresfrüchte in einmaliger Lage. ●●

Aktivitäten

Naturzentrum Braderup
M.-T.-Buchholz-Stich 10 a
Tel. 0 46 51/4 44 21
April–Okt. Mo–Sa 10–18 Uhr
Führungen, Vorträge (Do), Kräutergarten, Naturkost und Modewerkstatt, nebenan Bio-Bauernhof.

*Kampen J

Kampen besitzt nicht nur Sylts höchsten Punkt, die **Uwe-Düne** (52 m), sondern auch die höchsten Immobilienpreise. Nach Osten Richtung Wattenmeer breitet sich der angesagte Promi-Ort in einer gepflegten Gartenlandschaft mit Reetdach-Villen aus. Seine Attraktivität verdankt Kampen seiner großartigen Natur mit dem ***Roten Kliff, den beeindruckenden Sonnenuntergängen** und der wilden Heidelandschaft im Westen. Der bewachte **Strand** am Ende des steilen Kliffs ist für Sylter Verhältnisse kurz; von den gut 1000 Strandmetern ist ein Drittel Textilstrand, der größere Teil FKK-Gelände. Am Nordende bei **Buhne 16** tobt – je nach Wetter und Saison – das Nachtleben.

Echt gut!

Sehen und gesehen werden ist die Devise auf der nur kurzen, aber umso exklusiveren Shoppingmeile **Strönwai** mit ihren Edel-Boutiquen, Juwelieren und mehreren Nachtclubs, die ihr den Beinamen Whiskeystraße eingetragen haben. Tatsächlich ist den meisten Kampen-Gästen der Schickeria-Trubel einigermaßen schnuppe. Sie suchen Ruhe, verschwinden in ihren exquisiten Villen, Hotels und Pensionen des Seebads und genießen die Natur. Ein Großteil der Gegend steht unter Naturschutz, so der Urwald an der **Vogelkoje** im Nordosten. 1767–1921 wurden hier noch Enten gefangen; darüber informieren Ausstellung und Naturlehrpfad. Nebenan serviert das Restaurant Vogelkoje köstliche Entenspezialitäten.

Info

Tourismus-Service
Hauptstr. 12][Tel. 0 46 51/4 69 80
www.kampen.de

In Kampen zeigt man gerne, was schick und teuer ist

Das Sylter Lokal »Die Kupferkanne« bietet lauschige Gartenplätze

Hotels

Norderhof
Kurhausstr. 39][Tel. 0 46 51/9 84 20
www.fuehr-sylt.de
Edle Appartements am Strand. ●●●

Haus Margarete
Wattweg 6][www.sylt-travel.de
Zwei Ferienwohnungen im grünen Zentrum, ruhig. ●●●

Restaurants

Sturmhaube
Rieperstig 1][Tel. 0 46 51/99 59 40
www.sturmhaube.de
Restaurant und die beiden Bars sind Legende auf Sylt. ●●●

Odin
Strönwai 10
Tel. 0 46 51/4 54 55
Echt gut!
Edle Torten und Leysieffer-Confiserie. ●●

Gogärtchen
Strönwai 12][2013 im Umbau
www.gogaertchen-sylt.de
Bar, Restaurant, Café und Schickeria-Treff im Garten. ●●

La Grande Plage
Strandabschnitt H
Tel. 0 46 51/88 60 78
www.grande-plage.de
Schickes Strandbistro mit Sauna in eleganter Holzkonstruktion. ●–●●

Die Kupferkanne
Stapelhooger Wai 7
Tel. 0 46 51/4 10 10
www.kupferkanne-sylt.de
Kunstvoller Bau, herrlicher Garten mit Blick aufs Watt. ●–●●
Echt gut!

Nightlife

Buhne 16
vor Strandabschnitt B
www.buhne16.de
Heiße Partys und Szene-Treff. ●–●●

Pony
Strönwai 6][Tel. 0 46 51/4 21 82
Cocktail- und Bierbar.

Das Listland

Im Listland, dem Norden von Sylt, landet der Sand, den das Meer seit Jahrhunderten von der

Inselmitte nordwärts spült. Der Wind hat hier mächtige Dünen aufgeweht, einige kahle Einzeldünen treibt er aber weiter, sie sind Deutschlands einzige ***Wanderdünen.** Dieses Dünengebiet darf nicht betreten werden.

Wo der starke Meeresstrom des Lister Tiefs zwischen Sylt und Rømø den Sand nach Osten zieht, bildete sich im Lauf der Zeit ein ***Ellenbogen** K genannter Haken aus. Hier findet man himmlische Ruhe und atemberaubend schöne Buchten. Die Privatstraße ist mautpflichtig.

!! Auf der Nordseite des Ellenbogens ist das Baden wegen der Strömung lebensgefährlich!

Der **Königshafen** L, die flache Bucht südlich des Ellenbogens, ist Nationalpark-Schutzzone 1 und hat eine reiche Vogelwelt.

List M

Das kleine List wirkt verschlafen, nur im **Hafen** mit seinen Fischbuden und Biergartenatmosphäre geht es lebhafter zu. Die selbsternannte »nördlichste Fischbude Deutschlands« liegt in Reichweite des Anlegers für die Ausflugsschiffe und Fähren zur dänischen Insel Rømø. Freitags ab 10 Uhr ist am Hafen **Markt**. In Liszts schlichter, neuer Backsteinkirche **St. Jürgen** sind am ersten Dienstag im Monat Orgelkonzerte zu hören (Kirchenweg, April–Nov.).

Für Surfer, Segler, Angler und Naturfreunde ist List ideal: Zwischen Ellenbogen-Spitze und Lister Hafen liegt ein perfektes **Surf- und Segelrevier**, die Kurverwaltung informiert auch über Angelmöglichkeiten. Jüngste Attraktion ist das ***Erlebniszentrum Naturgewalten Sylt** (Hafenstr. 37, tgl. 10–17 Uhr, in der Saison länger offen, www.naturgewalten-sylt.de).

Echt gut!

Info

Kurverwaltung
Landwehrdeich 1][25992 List
Tel. 0 46 51/9 52 00][www.list.de

Hotels

Hüs bi See
Frischwassertal 17 b
Tel. 0 46 51/87 08 66
www.huesbisee.de
Ferienwohnungen mit Meerblick am Oststrand. ●●–●●●

Üthörn
Lister Ellenbogen
Tel. 0 46 51/87 02 18
www.uethoern.de
Ferienwohnungen am Südstrand des Ellenbogens. ●●

Restaurants

Austernmeyer
Hafenstr. 10–12
Tel. 0 46 51/87 75 25
Hier kann man Austern kosten und kaufen. ●●●

Weststrandhalle
Übergang 17 am Weststrand
Tel. 0 46 51/87 02 66
Solide Küche in den Dünen, Meerblick mit Sonnenuntergang. ●●

Aktivitäten

Ausflüge mit den **Adler-Schiffen** am Hafen u. a. zu den Seehundbänken, zum Angeln und Piratenfahrten (www.adler-schiffe.de).

12 Ausflug ins Nolde-Museum in Seebüll

Ziel von Kunstfreunden ist das ****Nolde-Museum** in **Seebüll** 19 (www.nolde-stiftung.de, März bis Nov. tgl. 10–18 Uhr). In dem Wohn- und Atelierhaus lebte und wirkte der große deutsche Expressionist mit seiner Frau Ada von 1927 bis 1937. Das Nazi-Regime verbot ihm 1941 seine »entartete Kunst«, Nolde malte jedoch heimlich weiter. Der zauberhafte Garten, der wie auch das Haus nach Emil Noldes Entwürfen gestaltet ist, regten den Maler und Meister der Farben zu seinen leuchtenden (Nordsee-)Gemälden und Blumenaquarellen an. Er starb 1956 in Seebüll. Zu dem Anwesen gesellen sich ein gepflegtes Restaurant und ein kleines Hotel. Auf Noldes nachgebautem Holzboot kann man sich (Mai–Sept. So 12 und 14 Uhr) durch die stille Landschaft staken lassen.

Hotel

Gästehaus Seebüll
Tel. 0 46 64/98 39 70
Echt gut! Kleines, aber feines Haus. ●●●

Ausflug nach Dänemark

Wer das Nolde-Museum besucht, verbindet die Fahrt meistens mit einer Rundfahrt durch die dänischen Grenzorte. Im nahen dänischen **Rudbøl** kann man den kuriosen Grenzverlauf sehen, der auf einer Länge von 130 m mitten durch die Hauptstraße des Orts verläuft.

Das gemütliche Städtchen **Højer** 20 an der alten und neuen Schleuse der Wiedau (dänisch Vidå) war vor dem Bau des Hindenburgdamms der Fährhafen für Sylt; vom Seedeich sind Insel und Damm gut zu sehen. Ein eindrucksvolles Naturereignis sind im Frühjahr und Herbst die riesigen Starenschwärme.

Auf der Geest ist das Dorf **Møgeltønder** 21 ein kleines Juwel, seine hübsche Lindenallee führt zum Schloss Schackenborg, Wohnsitz des dänischen Prinzen Joachim.

2 km weiter im Binnenland liegt **Tønder** 22, das gemütliche Städtchen besaß im 13. Jh. einen blühenden Hafen, der aber später versandete. Im 17. und 18. Jh. erlebte es mit Spitzenklöppelei einen neuen Aufschwung, die barocken Patrizierhäuser zeugen noch vom damaligen Wohlstand. Klöppelarbeiten kann man heute noch in Drøhses Hus in der Fußgängerzone (Storegade 15, April bis Dez. Mo–Fr 10–17, Sa 10 bis 14 Uhr) bewundern. Liebhaber skandinavischer Produkte gehen hier gerne einkaufen.

Restaurant

Schackenborg Slotskro
Slotsgade 42][Møgeltønder
Tel. 00 45/74 73 83 83
www.slotskro.dk
Hoheitlich tafeln in Dänemarks schönster Dorfstraße. ●●–●●●

Infos von A–Z

Autos

Zahlreiche kleinere Inseln sind autofrei. Fährschiff-Reedereien und Touristeninformationen geben Auskunft, wie und wo man den Wagen abstellen kann.

Baden

Alle Gemeinden an der Küste geben eigene Gezeitenkalender heraus und weisen auf die Badezeiten hin. An den bewachten Stränden darf man nur dann baden, wenn der Rettungsdienst sein Zeichen gesetzt hat (DLRG-Flagge). Vom Baden an unbewachten Stränden ist dringend abzuraten.

Barrierefrei

Unter www.nordseetourismus.de/de/barrierefrei findet man aktuelle Infos für schleswig-holsteinische Küstenorte. Das Portal www.ostfriesland-handicap.de informiert über einige barrierefreie Tourismusgemeinden dieser Gegend. Man achte bei Buchungsportalen auf die Kategorie »barrierefreier Urlaub«, »Unterkünfte für Behinderte« o.ä. Einige Badeorte wie St. Peter-Ording bieten Strand-Rollstühle an; Auskunft bei den Touristen-Informationen.

Fahrpläne der Fähren

Ebbe und Flut bedingen, dass sich die Fähren zu einigen Inseln oder Halligen nach den Gezeiten richten müssen; in den Fahrplänen gelten daher Tag für Tag andere Abfahrtszeiten; die Anschlussbusse und Inselzüge richten sich in der Regel danach.

Gepäck

Auf manchen Fähren stellt man sein Gepäck vor Abfahrt des Schiffs in bereitstehende Kleincontainer und holt es nach der Ankunft wieder ab.

Bollerwagen sind übliches Transportmittel auf Inseln und an Stränden für Badesachen und Kleinkinder. Man kann sie vielerorts ausleihen.

Kurtaxe

Fast jede Küsten- oder Inselgemeinde erhebt zumindest in der Hauptsaison eine Kurtaxe (ca. 1,50–3,50 € pro Gast und Tag), Kinder zahlen weniger oder sind frei.

Dafür gibt es dann Vergünstigungen wie ermäßigten Eintritt usw. Kurkarten werden immer öfter als Chipkarten ausgegeben.

Saison

Allgemein gilt: In den Sommerferien, meist auch zu Weihnachten/Neujahr, ist es am teuersten. Die Gemeinden, z.T. auch die Anbieter, legen ihre eigenen Saisonzeiten und -preise fest.

Schnäppchen

Manche Regionen verkaufen Bonuskarten (auch viele Kurkarten gelten als solche) für freie oder ermäßigte Eintritte und Rabatte, u.a. bei Verkehrsmitteln, Restaurants oder Geschäften.

Preiswert fährt man mit den regionalen Länder-Tickets der Bahn, sie gelten für bis 5 Personen.

Urlaubskasse	
Tasse Kaffee	ab 1,70 €
Softdrink 0,2 l	ab 1,70 €
Glas Bier 0,3 l	2,30 €
Krabbenbrötchen	2,50–3 €
Kugel Eis	1 €
Taxi-km (bis 15 km)	1,70 €
Mietwagen/Tag	75 €

Register

Bildnachweis

APA Publications/Robin Lawrence: 27, 99, 123, 137; Archiv DSM/Darlisson: 13; Bildagentur Huber/Gräfenhain: U2-Top12-04, U2-Top12-05, 6/7, 52, 80, 84, 89, 97, 108; Bildagentur Thomas Kliem: 72; Dithmarschen Tourismus: 102; Dithmarscher Kohltage: 109; DS Fotodesign/Dieter Schinner: 14, 54, 117; Farbdia-Archiv Gunda Amberg/Gunda Amberg: 130, 132; Fotolia/DeVice: 64; Fotolia/falkjohann: U2-Top12-06; Fotolia/Jörg Franzen: U2-Top12-09; Fotolia/Stefan Richter: U2-Top12-07; Fotolia/Daniel Schonen: 34/35; Fotolia/Jan Tepass: 2-2; Ralf Freyer: U2-Top12-12, 5, 30, 32, 50, 91, 94, 105, 110, 121, 135, 138; iStockphoto/Jasmin Awad: 11; iStockphoto/Lucyna Koch: 2-1, 26; iStockphoto/Andreas Weber: U2-Top12-11; Kunsthalle Emden: U2-Top12-02; Kurverwaltung Borkum: 46; laif/Ernsting: U2-Top12-01; laif/Paul Hahn: 18, 20, 78; laif/Tophoven: 62; Legoland: 17; LOOK-foto/Sabine Lubenow: U2-Top12-08, 16, 22, 58, 67, 106, 118; LOOK-foto/Heinz Wohner: 24/25, 36, 95; Papenburg Tourismus/Ute Müller: 41; Pixelio/Hans-Peter Dehn: 9, 29; Pixelio/Jürgen Fischer: 69; Pixelio/Werner Hornheber: 101; Pixelio/Andrea Kusajda: 87; Pixelio/Axel Loll: 45; Pixelio/Achim Lückemeyer: 2-3, 79; Pixelio/Birgit Winter: 77; Paul Schäfer: 113; Wikipedia/Jürgen Howaldt: 74; Monika Zeller: U2-Top12-03, U2-Top12-10, 126.

Polyglott im Internet: www.polyglott.de

Impressum

Wir freuen uns, dass Sie sich für einen Reiseführer aus dem Polyglott-Programm entschieden haben. Auch wenn alle Informationen aus zuverlässigen Quellen stammen und sorgfältig geprüft sind, lassen sich Fehler nie ganz ausschließen. Wir bitten um Verständnis, dass der Verlag dafür keine Haftung übernehmen kann. Ihre Hinweise und Anregungen sind uns wichtig und helfen uns, die Reiseführer ständig weiter zu verbessern. Bitte schreiben Sie uns:
GVG TRAVEL MEDIA GmbH, ein Unternehmen der GANSKE VERLAGSGRUPPE
Redaktion Polyglott, Harvestehuder Weg 41, 20149 Hamburg, redaktion@polyglott.de

Wir wünschen Ihnen eine gelungene Reise!

Herausgeber: GVG TRAVEL MEDIA GmbH
Redaktionsleitung: Grit Müller
Autorin: Elke Frey
Redaktion: Buch und Gestaltung / Heide Ilka Weber
Bildredaktion: GVG TRAVEL MEDIA GmbH und Ulrich Reißer und
Buch und Gestaltung / Britta Dieterle
Layout: Ute Weber, Geretsried
Titeldesign-Konzept: Studio Schübel Werbeagentur GmbH, München
Karten und Pläne: Wolfgang Papp, Sebastian Laboor und
Kartografie: GVG TRAVEL MEDIA GmbH, Hamburg
Satz: Buch und Gestaltung / Britta Dieterle und Ute Weber, Geretsried
Druck und Bindung: Stürtz Mediendienstleistungen, Würzburg

Überarbeitete Auflage

Printed in Germany
Dieses Buch wurde auf chlorfrei gebleichtem Papier gedruckt.
ISBN 978-3-8464-0652-6

PEFC
PEFC/04-31-1404

Images du Cosmos
(en coll. avec Benoît Reeves)
DVD et Blu-ray, La Ferme des étoiles, 2010

L'Univers expliqué à mes petits-enfants
Seuil, 2011
et 2012 (album illustré)

Là où croît le péril… croît aussi ce qui sauve
Seuil, « Science ouverte », 2013

Le Seuil s'engage pour la protection de l'environnement

Ce livre a été imprimé chez un imprimeur labellisé Imprim'Vert, marque créée en partenariat avec l'Agence de l'Eau, l'ADEME (Agence de l'Environnement et de la Maîtrise de l'Énergie) et l'UNIC (Union Nationale de l'Imprimerie et de la Communication).
La marque Imprim'Vert apporte trois garanties essentielles :

- la suppression totale de l'utilisation de produits toxiques ;
- la sécurisation des stockages de produits et de déchets dangereux ;
- la collecte et le traitement des produits dangereux.

RÉALISATION : PAO ÉDITIONS DU SEUIL
IMPRESSION : NORMANDIE ROTO IMPRESSION S.A.S. À LONRAI
DÉPÔT LÉGAL : JANVIER 2011. N° 103830-12 (132970)
Imprimé en France